U0942279

靈修著作精選

感恩

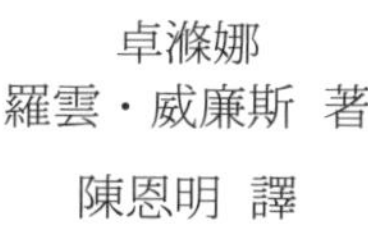

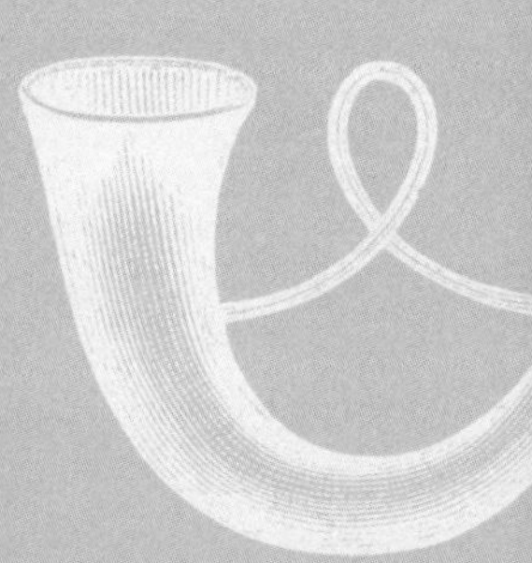

卓滌娜
羅雲・威廉斯 著
陳恩明 譯

基道出版社

▼

靈修著作精選

感恩

Uncommon Gratitude

Alleluia for All That Is

作者
卓滌娜 Joan Chittister、
羅雲．威廉斯 Rowan Williams

譯者
陳恩明

責任編輯
羅慧琪、吳國雄

裝幀設計
奇文雲海．設計顧問

■

出版 / 發行
基道出版社
香港沙田火炭坳背灣街 26 號富騰工業中心 1011 室
LOGOS PUBLISHERS
Unit 1011, Fo Tan Ind. Centre, 26 Au Pui Wan St., Shatin, Hong Kong
電話：(852) 2687-0331　傳真：(852) 2687-0281
網址：http://www.logos.com.hk

承印
陽光印刷製本廠

●

6/2015 初版
Cat. No. LP655
ISBN: 978-962-457-500-2

刷次	10	9	8	7	6	5	4	3	2	1
年份	2024	2023	2022	2021	2020	2019	2018	2017	2016	2015

念　桂球兄

——陳恩明（本書譯者）

目錄

II 活出真我

III 長大成人

* 卓滌娜撰寫
° 羅雲 · 威廉斯撰寫

引言

在我的童年回憶裏，在我成長路上的某一處，曾經聞說榮登天堂的人會坐在上主的寶座旁，晝夜不停地唱「哈利路亞」。「那可真糟糕！」我心想，暗自歎了口氣。那時候，在我幼稚的心靈裏，天堂固然重要，但卻因而頓然失色，不再那麼吸引。

及至長大成人，我才稍為明白，人生在世，如果能天天唱哈利路亞，又是甚麼一回事。這念頭把我的人生推往一個大膽的新方向。我設想：倘若人一生根本就是一句哈利路亞，又如何？誠然，人生真義正是如此，這也是人的真正盼望。但有可能嗎？

自威廉斯（Rowan Williams）大主教（編按：威廉斯於二〇〇二年十二月至二〇一二年間任坎特伯里大主教）與我

有意大家合著一書以來，轉瞬多年。我們都是深受修道思維影響的人，在芸芸眾多的屬靈操練之中，對靜思反省情有獨鍾。我們重視省思，猶如重視學術註腳一樣。就我們所知，上主是奧祕的一位，我們的生活存留在祂裏面。但惟一的問題是，我們到底怎樣活在祂裏面呢？我們所追求的這一位到底是怎麼樣的呢？

上主是不是一位叫我們一生要討好祂的巨人，專愛作弄我們呢？人生是一條障礙賽道，只有完美、順從的人，才可以應付裕如的麼？又或者人的景況就是藏在黑暗中的禮物包，叫人畢生在這一片朦朧裏揣摩善性／神性（Goodness / Godness）？

可有一點是肯定的：要體驗上主的同在就得刻意地默觀。上主在我們人生中的豐盛與彰顯，不能被簡化為要理問答。可是，與此同時，這位不容簡化的上主卻又包含了所有的答案，讓人可以在眼所見的世上，充滿信心地生活，也安然領受肉眼所不見的上主的恩賜。

我終於直接問他：「屬靈生命到底最吸引你的是甚麼？」他沉吟片刻，說：「我發現自己一而再，再而三地思想著『哈利路亞』的真義。」

我們就這樣拍了板，用了兩天在蘭伯斯宮（Lambeth

Palace）的倫敦辦公廳內一起商量，用自己的口音說出同一句話：人一生就是學習在這裏頌唱哈利路亞，力求在幽深的時刻裏辨認所隱藏的聖顏。找出哈利路亞在人生中的意義，即是學習如何面對最叫人無法讚美的時刻。但試問在消磨志氣，令人殫精力竭的人生階段，哪有可能高呼哈利路亞？說甚麼都好，讚美就不可能。

這問題值得探究。人生不如意事十常八九，一生都有掙扎，前路茫茫，有得有失、有悲有喜。一生平步青雲、萬事如意、高枕無憂、東成西就，根本沒這回事。失敗與失望、損失與痛苦，才是人生的常規。結論？哈利路亞除了造成不健康的自欺，讓人抖擻一下，還有甚麼意義？

可哈利路亞絕對不是現實的代替品。它所表達的是對另一種實在（reality）的覺知——非現世的、非妄想的、非即時感知的。

哈利路亞是最古老的聖詩之一，意即「讚美那永活的」，它是最重要的讚美詩，也是感恩的頂峯，凱旋的山巔，人類喜樂的頂點。它宣示了上主的美善——而這正是我們所知的。

在希伯來聖經裏，這是讚美的命令，要人從心發出讚美，挑戰人超越肉眼去正視生命中的每個時刻，並堅信不疑。

在基督教聖經裏，它是一條讚美方程式。更重要的是，它是一個激昂的回應。在早期的禮儀裏，它是全年通用的；東方教會至今仍保存這傳統，甚至是喪葬禮儀也照用不改。可見在最古老的基督教傳統裏，它要人看見人生的一切全是賦生命的（life-giving），不論目前看來明顯與否。

人生的每個階段都是既有祝福也有挑戰，既有賞賜也有責任的。我們稱為時間的東西，就是藉此種種而編織出來。這兩者微妙的拉扯，可以叫我們滿懷信心，也可以令我們失魂落魄，使我們左右動搖。叫我們滿心疑惑或信心堅固，穩如泰山或如驚弓之鳥；也叫我們因差異而豐富，或是因恐懼而起紛爭。惟有學習在兩種處境內都抓緊哈利路亞的意思，我們才能邁向內裏的一切得著圓滿的一天。到時，只要多走一步，就完全浸沐在上主裏面了。

本書的哈利路亞，籲請讀者進入反思，以之為默觀的基礎，為人生世事最終的「阿們」，不管當前所付的是甚麼代價。

威廉斯大主教以一個信仰上主的現實主義者的眼光去看世情。

我則看那些場景所隱含的轉折點，一層一層地揭示它們背後的屬靈價值，並揭示它們如何幫助我們攀上更高的屬靈山峯去。

故此，本書可說是我們兩人的一番對話，我們都是深入地參與牧養職事，應接不暇的人，但同時也是深究到底在私人天地裏，將成的一切，與今天有何關連的人。

本書所倡議的是從哈利路亞去看今生，既歡迎箇中的複雜性，也把它放在更恒久的目光之下，以更遠大的眼光看人生。

為此，哈利路亞！

卓滌娜（Joan Chittister）

I

認識自己

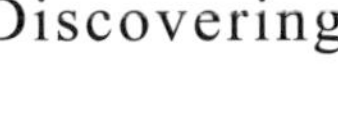

Discovering What We Are

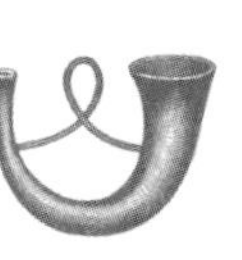

信仰

二〇〇一年九月十一日紐約世貿大樓遇襲後，全球關注的不是政治。諷刺的是，美國的外交政策不如宗教問題般成為全球焦點。隨著大樓塌下，一直以來對宗教在現代世界有何角色的看法，也隨之崩塌了。

當三千個普通人 —— 文員、股票經紀、接待員、部門主管、會計師、電腦程式員、辦公室經理、企業行政人員 —— 遭遇極度的暴行攻擊，瞬間橫死之際，令全美人民寒徹心脾的，是劫機者在飛機撞向大樓時的哮叫聲：「感謝真主！」調查人員聽到恐怖分子的心聲，這是黑盒最後的錄音，是亢奮、凱旋的呼喊。

「感謝真主！」—— 叫人咋舌的話。濫殺無辜竟是虔誠的頌讚，這是哪門子的宗教？

驀然間，宗教對國際事務的影響大大引起了西方的關注。在個人自決（self-determining）的社會裏，那麼私人的話題竟然引發起如此討論，可能連上主也始料不及。以民主政制自豪，將教會與國家分得一清二楚，高舉宗教自由的美國，突然間非常關心上主。祂不再活在神話裏，只在人的私禱中介入人的生活。不，祂是真實的、冰冷的新聞中的主角。只不過，那不是佳音吧（good news）。

畢竟在大樓遇襲後不久，連美國總統也曾在向全國發表的聲明裏，用「文明的衝突」（clash of civilizations）去形容來自四個阿拉伯國家的十九名穆斯林狂熱分子的攻擊行動。他這句話的含義叫人吃驚、也叫人心焦。到底那十五分鐘的怒火，對這世界代表了甚麼？世人所見的，是不是聖經的上主與《可蘭經》的真主，為了爭一日之長短，為了「真神」的銜頭，甚或至少是「世界的神」之名號互相比拼？聖經的上主與《可蘭經》的真主果真是兩位神，各自為某一文明所擁有？若然如此，我們該怎樣看信仰？看任何信仰？

最叫人震驚的是，這話題竟然變成國際新聞。

就連經常報導太空探月旅程、火星及土星探索的刊物，沉醉於科技世界的翹楚，也在問同一個問題：宗教到底是問題的出路，還是問題的根源？在當下，在今時，一個絕不科學化的宗教問題，突然變成切身問題，切身得叫人吃驚。

就記憶所及，全美國的人首次看見宗教問題淩駕政治、國力問題，抓緊了所有人的心。新聞專輯談論的是伊斯蘭教的本質，所花的時間要比談論任何伊斯蘭國家的政治目標為多，至於縱覽整個伊斯蘭世界就更不消說。宗教本身成為面目不清的敵人——不一定指極端宗教，不單指變質了的宗教，例如瓊斯（Jim Jones）及於圭亞那（Guyana）瓊斯鎮（Jonestown）的集體自殺事件那一類，而是林林總總的任何宗教都在備受質疑之列。

在美國，我方的宗教極端分子大談哈米吉多頓那場象徵著善惡終決的大戰，咧齒而笑。電視佈道家忠告世人為被提做準備，並以美國局勢與中東形勢作末世指標。

不止如此，他們雖然言之鑿鑿，肯定末日已至，我方的宗教極端分子又不忘高舉愛國旗幟，支持毫無根據的「先發制人」行動，肆意進侵主權國，也支持長期監禁未經定罪的人，設立祕密監獄，施行酷刑等等違背民主國家歷史與理念的事。違反國際公約、繞過憲法的行為成為家常便飯。為了保護「基督教世界」免受穆斯林襲擊，所有不道德的舉措都變成合乎道德的事。儘管其實美國充其量只是一個較多人信奉基督教的國家而已。

很明顯，宗教沙文主義已經把真正的信仰壓倒了。

當然，問題在於兩教都是源生一轍的一神信仰，有一樣的列祖、先知，同稱只有一位上主，而上主也是至高及獨一的那位。

不知怎的，宗教似乎總可以遮蔽信仰。林肯（Abraham Lincoln）在內戰期間曾被問及，上主是否站在北方的一邊；他說這是無關宏旨的事，重要的是我們是否站在上主的一方。回顧當前形勢，林肯的那種神學上的合一思維，似乎已經從雙方的宗教極端分子的民族意識中溜走了。

反之，我們今天所見的是兩大宗教陣營在這個地球對壘——姑勿論我們聲稱所信的上主是怎樣的。信仰告訴我們真確（true）的事——上主是愛與和睦；要追求正義，建立人類社羣；我們要為自己的行為負責，根據上主為人類所定的意旨，而非根據任何政治目標，面對永恆的審判——宗教則只叫我們自以為是。

神職人員向這分隔兩方的人煽風點火，對願意為國捐軀者作出保證，他們必得上主福蔭。在那邊廂，攜帶自殺式炸彈的人，身上帶有給殉道者立登極樂的經文。另一邊廂，軍事單位稱千千萬萬平民之死為「附帶的破壞」（collateral damage），或許其意思即那是「不幸的」，但在道德上不應受譴責。

宗教只會站在某一邊看事情發生，將上主變成一個部族的神衹。但信仰使我們的視野更寬廣。信仰告訴我們，上主並不等於放大了的政治議程。信仰說，神就是神——「再也沒有比祂更大的」，正如一位中世紀神學家所言；換句話說，上主不會配合人的期望，或配合我們走著非理性的路所提出的、自以為理性的瑣碎要求。

信仰告訴我們，上主不是屬於白人、黑人、巴基斯坦人、巴勒斯坦人、猶太人或天主教徒的。上主是全人類的主，要賜福予人，不是降禍給人。

不錯，襲擊世貿大樓造成大量傷亡；可是那不及在博帕爾（Bhopal）監管不善的化工廠，或者英國人在愛爾蘭饑荒時，或者美國人跑到不是自己國土的越南打仗時，所造成的死傷人數那麼多。但這令我們要問一個不同的問題：為甚麼宗教忽然備受注目，而信仰變得低調無聲？為甚麼在這時候？為甚麼在這地方？

答案直指屬靈生命的核心。其實，我們內心深處或正仍然以魔術代替信仰。我們把上主變成人間慾望的聚寶盆，人間樂趣的售賣機。我們把上主哄到身邊，稱之為信仰。我們騙祂救我們脫離自己的囹圄卻稱之為虔修（devotion）。可是這一切都在把上主縮小為逗人喜愛的木偶。這一切沒甚麼可以為之說哈利路亞。

真相是信仰需要有覺醒，認明上主活著，且要求我們為別人負責任。身為某宗教傳統的中堅分子，你亦無權奉上主之名，為私利去消耗世界。我們無權奉我們按自己形象創造的上主之名，擾亂天下。強要世人跟我們一樣想法、一樣敬拜，並非真宗教所為。我們的召命，乃是要獻上自己，為他人謀幸福。

按亞伯拉罕的傳統，他倒履迎客，設宴款待陌生人。這是聖經一幅甚有力量的圖畫，感召我們在荒野中設帳幕，隨時歡迎在全球驕陽下，碰巧來到的乾渴的陌生人。

信仰乃是相信上主在引導我們與宇宙調和一致，不管我們怎樣自以為獨特。

信仰就是對生命中未知的美善放心信任，不強求掌握箇中科學的確定性（certainty）。

信仰是相信我們所稱呼的上主若非萬民之主，就根本不可能是主。

信仰是在黑暗中的信心，願意信任別人最深的人性，並我們自己最深的人性，可能是我們所能作的、最深刻的信仰行動。

信仰是願意看見上主在別人身上作工——對於他們的所需與夢想、他們的盼望與計劃——也包括上主在我們身上的作為。

信仰是堅信上主藉別人，也藉我們作工，造福世人。

為了這一切，我們要唱哈利路亞。惟有這一切，可以撥亂反正，從我們手上拯救地球。

信仰，真正的信仰，甘心樂意放棄冀求以我們人類的心思來理解上主行事的方式，乃是真正值得高唱哈利路亞的事。為甚麼？因為信仰不在於明白上主如何行事，不在於操控上主使祂就範，把祂變成一個用人的眼光去看生命的慈祥神祇。信仰其實無關理解明白，而是在萬有的上主面前匍匐敬畏。只有敬畏能激發出自真心的哈利路亞。

信仰正是對我們理解不來的——即生命之源的奧祕——肅然起敬。信仰乃是讓自己深栽於一個如此有智慧、合理、仁愛的宇宙中，深信惟獨那熱愛生命的上主能夠為它提供最完整的解釋。

當我們把能力的核心放在自己以外——這是信仰的本質——我們乃信靠比自己更大的。我們看自己欠控制力一事，作為上主臨在世間的記號；而正因自知的渺小，才能看見並信賴包圍著我們的上主的偉大。惟有這樣，我們才會在別人的臉上看見上主的臉。

信仰那位非人所能控制、所能看見、所能理解的，把偶像砸爛了——而這偶像就是我們自己。惟有心靈深處相信我們於天下間並非最重要的，才能夠救我們脱離自己。惟有意識到自己是與那偉大、有智慧、良善的有關連時，生命才會有意義；我們從而被引導去尋求突破，超越我們的渺小，不管我們今天多麼不濟，盼望明天我們全都變得更好！

信仰上主成為我們信任自己、信任人類、信任生命的惟一基礎。這樣，我們就會認真地關懷別人，關心上主為人類所定的旨意，超越那將上主部落化、將人生變成零和遊戲，成王敗寇的宗教。

信仰是在黑夜中唱一闋不息的哈利路亞，只待充滿挑戰的黎明來到時才終止。

疑惑

我手上這封信的信紙印有粉紅色花朵和一個顯眼的圓形。縱使它佯作一紙普通的生意訂單，可我知道事實不然。這封表面枯燥的信，攪動了我的心腸肺腑。它的開頭是：「我想訂購三十冊……」

有一下，我幾乎立刻批示把它轉交訂購部，這肯定是誤送到我手裏來的。轉念間，我明白它不是普通的訂單，它寫得太長，太真摯。我讀下去。

作者介紹了自己，是位女士，在區內組了一個讀書會。她接著說，成員都上教堂，「可沒有一家教堂要聽問題」。她說她們甚至不敢問，因為「她們一提問就被視為異端分子，甚或是已失信仰，尤其當她們表示所得的答案幫不了忙的時候」。她寫道，讀書會是她所知的惟一出路，「讓婦女們有吐心聲的機會」。

然後，她補充了一段異於她這一類信件會講的話：「我自己不上教堂，寧願成為禱告羣體的一員。我已不再相信他們的教導。離開是更誠實的做法。」

我沉思了一會兒。毫無疑問，若教會是一個課堂，那便是精於輸出答案，卻鈍於接收問題的課堂。即使優秀的要理問答班、主日學都是千百年如一日，按齡按題提供既定答案，回答問題。可惜的是，人的年齡超越其當時的答案之日，正是進入靈性混亂之時，而這是成長的必經階段。那時原來的答案已顯得單薄無力。

對於久受疑問纏繞的人，他們的抉擇是痛苦的：我們可以讓靈命封頂，滯留在少年時代，以為信仰等於用孩子氣的答案去回應複雜的課題；又或者我們可以一直追尋下去，越過歷史文獻的神學政治（theological politics），直指奧祕的核心。我們可以追查到尋根究底的地步，也可將靈命變成某種企業策略，旨在積蓄禮儀善舉，換取天堂。前者可以叫人認識上主大而可畏，非人能限；後者卻將祂局限在神學思維的運動場裏。

其實，昔日的偉大屬靈榜樣，在不同的時候也曾經歷疑惑、幽暗、肯定其不肯定：奧古斯丁（Augustine）、十架約翰（John of the Cross）、大德蘭（Teresa of Avila）、艾哈特（Meister Eckhart）、施洗約翰、多馬、彼得，一個接一個，全都嘗過驚歎、動搖、信其不可信的滋味。

如此看來，我們應該為疑惑感恩，為著它高唱哈利路亞。疑惑，有別於假定上帝與靈命的本質為靜態者所提供的答案，疑惑要將我們伸展到超越自己的地步，求上主的引導，而祂的聖容不是常可在書本裏找到的。疑惑令人向真理保持開放，開懷擁抱它，不管它在何處出現，不管它有何難。

最重要的是，疑惑迫使人確認自己向來所信的，真是顛撲不破的。如果沒有疑惑，人生只是包裝整齊的一連串假設，未經測試，未得肯定，不屬於自己，只屬於別人，而我們只是把這些真理據為己有而已。

對真理照單全收，相較經過尋問而接受，其困難在於我們不會甘心為它而死——我們真的不會。我們只會茫然、漫不經心地在一堆走了樣的理念裏過日子。這樣的信仰是外在的，不是內在的——一切只是奉行公事。宏偉的殿宇一見罅隙，我們即時消失；城堡的牆壁一現裂縫，我們馬上轉投較為輕鬆的處所。

相反地，疑惑為堅信之母，我們一旦徹底地對付了它，所錘煉出來的乃是更堅固，而不是更軟弱的信仰系統。我們深知所信的是真確的，因為這是親身的經歷，不是從別人那裏聽來的。壓抑疑惑就是打擊思想，阻止人去質問那無可質問的，只會令人變得更加憤世疾俗，故更加討厭幼稚的信仰。

真實的信仰是從疑惑開始的。

醫治被動不信之心的良方，就是熱切的疑惑。我們的教會和國家，有太多人從不質疑政府是否守憲，教會是否依循福音。結果我們的愛國之士其實並不愛國，我們的信徒只是隨體制而行，不是跟從耶穌。而我們製造這兩類人的速度是驚人的。

烏納穆諾（Miguel de Unamuno）道：「生命即是懷疑；沒有懷疑的信仰，就是死的。」在這裏，死的不是肉身，而是思想、心靈。更糟的是，未經考驗的信仰叫人自滿，叫人脆弱得無法應付幻變的人生，叫人變成各種偶像的門徒。假如我們還是以為上主是住在天上的老公公，那麼因著太空探索竟然沒見其半點蛛絲馬迹而信仰動搖，也是意料中事；要是我們的信仰從未經過內在真理的考驗，我們會容易被路上兜售各種思想價值的人迷惑。縱使我們以為自己熱中追求真理，其實已經成為千般謊話的消費者。

疑惑消除自滿，使人面向更闊、更好的解釋。這一切，比我們告訴孩子經神話化了的解釋——在他們長大並能接受上主「全然是靈」之前——更好，不管我們自己如何想像不到所說的是甚麼，怎麼可能這樣，又或者在物質世界裏，上主所居的位置到底如何。

當然，硬要解釋、講求「實據」的信，根本不是信；信是「未見之事的實底」。可幸的是，人人都有少許的多馬成分——未摸過耶穌傷口也不信祂已向門徒顯現。未曾親眼看見就不肯相信是人之常情；不管人家所說的是多麼不合邏輯、多麼模糊，我們還是要親自看看其中到底有沒有某些真理。這世界是自己來的麼？也許吧——但極不可能。我是獨自熬過這場大病的麼？或者吧——但在最低落的時候，卻是外在於我的某種力量扶持了我。我一生勞碌，苦不堪言？不盡如此。有時候，在低谷裏，我經歷了非己有的平安與能力。莫非我從未體會上主同在麼？不是。其實有時我是強烈意識到的。

當我們最渴求眼見時，正是信心發動的時候，因為在內心深處，我們堅信著那些頭腦解不通的事物。但通往這樣的信仰道路只有一條，就是必須穿越疑惑的黑夜。

人生總有理性不能夠滿足我們這份覺醒之處：當事物完

全不合理又完全真實之時——即如愛與自願犧牲、信任與善良。數據無從解釋這些不能解釋的事物。惟有當疑惑將心扉打開，使我們面對那無法理解的事；惟有當疑惑叫我們熱熾追求真理；惟有當疑惑把我們從安逸之處趕出去；惟有當它將那些與信仰不相配的迷思改正時，我們才開始呼吸到屬靈真理的清新空氣。到時，我們就可以超越感官，進入奧祕之中，讓信仰把眼不能見的、深具穿透力的真理，向我們展現。

財 富

為了財富高唱哈利路亞，乍看之下，應該沒有困難。但其實人一生最難處理得好，以致可以完全心安理得的，可能正是財富的問題。以我家為例，我們絕不富裕，可我又從來不知道實情是如此。因為我們一無所缺，且有餘裕與人分享。這實在是平衡得體。

對於大部分富人來說，也許最難達到的就是平衡。或者正如中國哲人西堂（編按：應指西堂智藏）說：「金屑雖貴，落眼成礙。」人會被財利遮蔽，這是最需要看清楚的一點。人一生要面對平衡財富的各方面問題，避無可避：「夠」到底怎樣釐定？有餘的話又該怎樣？

有了錢就會怕無錢，那怎辦？

要怎樣帶眼識人，分辨身邊的朋友誰真誰假，誰在伺機佔便宜？怎樣才得知誰真的喜歡我，誰只是阿諛奉承求好處？

你又怎樣提防自己被貪心吞掉，一生都被股票指數、利息分紅所操控？

你要怎樣提防飽暖的誘惑，宴樂的空虛？買了多少東西也填不滿內心的空虛，面對這震撼時，你何去何從？

老實說，上述問題，我一條也答不來。說到底，我對這些問題一點經驗也沒有。但我曾經見過一些有財有德的人，甚至比貧困——不論是自願或被迫的——而有德者更好。對他們來說，上列問題對富有與聖潔（holy）之別，根本無關宏旨。問題核心乃是怎樣又有錢又有德。

我首次有意識地為財富唱哈利路亞，始於一次亞洲的會議。與會者多數是窮人，絕大部分是女性，看來只有少數是獲資助的社會活動活躍分子及大會觀察員。我們以專家身分出席，分析世界性的婦女問題，尤其是在發展中國家出現的問題。

大會臚列了各地婦女的普遍需要，也就是那些在這金錢掛帥的世界裏受到捆綁的，並且提出了建議。她們要求讓農村女孩接受教育。她們也關注婦女淪為家奴般的情況，認為需要立法，保障各地女性的平等權益。她們又指出生育與貧窮的關係，即每個家庭的孩子數量，與因缺乏節育教育而產生的貧窮的關係。又要求為婦女提供更好的保健計劃，尤其是孕婦。最後，大會呼籲婦女參與政治過程（political process）的各個層面，讓她們人生所需的各等改變，得以倡導並守住。與會者都同聲承諾，要叫各地政府慎重其事。

大會真的辦得不錯，人人都悉力以赴。但叫我仔細思想的事，是在會場外發生的。

非洲肯雅的長老會的一位女牧師在簽名紙傳到她手中時，把它傳了過去，遞給同桌鄰座的人。其實，我們只是想大家留下電郵地址，讓大會過後大家依然可以保持聯絡。其他的人把紙交到她手中，指著她留下的空白，露絲（Rose）柔聲說：「我們那邊沒有電郵，太貴了。到我上得網了，它卻又慢又不穩定。」她再傳開那張紙，這次中途沒有阻滯了。

我們拉行李箱到計程車的時候，一位姊妹說：「我要見過露絲才走，我答應了送點東西給她。」說著就跑上旅館的樓梯去。

「你送她甚麼？」我後來在路上問她。「我的信用卡。」她說。「你的信用卡？」我傻了眼，「幹嗎你會把你的信用卡交給她？」我難以置信地問。「給她付電郵的月費。」她淡然地說。

清脆的答案。為財富唱哈利路亞根本與錢無關，乃是與用錢的方法、對象，用錢的態度和原因有關。長遠來説，大會會造福許多婦女。那張信用卡已立時令其中一位的生活變得更好。姊妹的行動清楚展示了，高言大智與坐言起行的天淵之別。

財富的作用顯然不是讓人有安全感，乃是為要叫人可以豁出去，慷慨施贈，反映上主的大愛，在黑夜中燃點人的希望，提醒我們上主不變的同在。財富在聖潔的心中創造釋放的心靈，使人在世途上輕裝上路，邊走邊施贈予人機會的種子。

神聖的財富所求的惟一安全感，就是如何營商有道，繼續得到好的收成，以致可以繼續助人。

或許，最重要的是，隨神聖的財富而來的是簡樸的生活，讓財富變成用來分享的東西，而不是用來炫耀的成果。我認識一家極之有錢的人，他們的房子座落在城市邊陲的死胡同裏，一個住宅區內的牧場式民居之中。門口沒有高大的鐵閘，後院沒有奧林匹克的標準泳池，沒有停泊在機場的私人飛機。他們有的是終身行善和做美好的事，私人的、公開的，為人所知的、不為人所知的，大的、小的，不計其數。就是這種積聚的財富，令世界對我們所有人來説，都變得更加美好。

為了投資改造世界或維持這世界的財富，我們要唱哈利路亞。這種財富，是在今天播下了明天的盼望。我最喜歡的慈善家是一位心與靈同樣深廣的女士，她的智慧與她的存款同樣豐裕，她窮一生教育兒女，將辛勤及從特別待遇而來的、因身分家產而有的財物不斷送出去。這樣的財富能使捐贈者對社會的貢獻，比他們本身在地上的年日長久得多。

為著這種財富，我們唱哈利路亞。其中沒有恨惡或狹隘的心，我們也不會眼紅這些人的財富。他們叫我們看見愛心未死，上主不是守財奴，不求回報的愛心是可能的。

他們教會我們第一世紀辛尼加（Seneca）的名言：「大財為大擔」，令人要擔負著世人的需要。即如路加在福音書談到的婦女：「〔她們〕都是用自己的財物供給耶穌和使徒」（編按：路八3），這給我們行善的力量。可是力量大小不是憑錢財多寡而定，衡量她或他對社會的長久影響，乃是憑著如何善用金錢而定。人被迫時或會有所行動，但善用財富能讓我們成就更多。世上還有更值得高唱哈利路亞的事麼？

貧 窮

法郎士(Anatole France)寫了這句話:「感激上天使我生來貧窮,使我學會何謂有益於生命的恩賜。」

我得承認,我對於這樣的人生頗存幻想。但實情是,對於有錢人論及貧窮人的一類話,我從來都不太放在心上。在我的居所四周,僅堪果腹、一貧如洗、天天為口奔馳的情況又多又近,直教我難辨當中軒輊。

自願貧窮——就如我過的那種——是歷代宗教羣體踐行的生活,以此公開反對貪婪,效法基督倚靠上主,全心全意追求羣體的正義。被迫貧窮則不一樣。人們多勞卻沒有多得,經常面對層出不窮的不公平待遇及短期工作。

因此,被迫貧窮的美德,於我,應是難以明瞭的,更遑論為著它唱哈利路亞。

後來，我聽到這個故事。聞說一位富有太太跑到孟加拉，要看在這世上其中一個最窮困的地方，她可以貢獻些甚麼。乍看之下，面對那麼慘重的苦況，答案是不言而喻的。可是，隨著時間過去，這位西方太太看清楚那個國家的需要實在太大了、太急切了，她多有錢也有無從入手的感覺。

最明顯的困難是人們無法養家，情況幾乎令人絕望：很多婦女生得太多；男人無田可種，沒有工作，無法維生。貧賤夫妻百事哀，倫常問題叢生，經濟問題接踵而來。但可從何入手？

她開始與當地人談話，看看他們最迫切的需要是甚麼。終於有一個孟加拉女人問她：「你是搞甚麼的？哪裏來的？」「我是婚姻家庭治療師。」她答。「甚麼來的？」那個當地的女人問。「就是專門幫夫妻度過難關。也許我在這裏也可以幫上忙。」孟加拉女人沉默了一會兒，說：「啊，我想這犯不上」，她皺著眉頭，「我們忙於生活，沒有時間讓婚姻出問題。」

我想起一個聽過的故事：孟加拉人每人每年只有六磅肉可吃，他們認為能這樣太有福了。反之，西方人每年吃二百六十磅肉，卻以為那是天經地義的事。結果，西方大企業橫掃天下，為我們砍划樹林開墾放牧草地，亦即是使當地人的農田和草本植物更少。

貧窮，在需求中掙扎求存的偉大行動，似乎能令人對人生的眾多問題知所先後，且牽引出生命的堅毅不拔之力。

貧窮，也有發出哈利路亞的空間。

貧窮真的能夠叫人凡事謝恩。衣櫃裏若只有衣架，一件新襯衣就很起眼了。一本新書令人如獲至寶，不會視作等閒。如果沒有新玩具、新衣服、新傢俱，我們只會更珍惜僅有的一切。我認識一位母親，她發現那週剛買給女兒的鞋給丟在門前的大垃圾桶，等待收垃圾的人來清理。「為甚麼要把鞋丟了？」她問女兒：「才買了兩天！」「我不喜歡穿」，少年人回答了她：「沒有人會穿這種鞋的！」也許，惟有貧窮會叫我們為著自己所擁有的感恩，且為了白白得著的加倍感恩吧！

貧窮也是一條邁向謙卑的老路。當我們連立錐之地也幾乎沒有了，我們才會知道自己在世上的位分是甚麼；一無所誇，無所炫耀。我們既無外物可表明自身，就只剩下自己的個性、品格、頭腦。當我們一貧如洗，赤裸地站在人前，無法給予，也無任何外在的條件使人羨慕，有的只是自己，那時正是梭羅（Henry David Thoreau）所說的：「一生至美的一刻。」人只好往內心深處去挖掘，尋找無人能奪去的珍寶。

家境清貧的人每天都得動腦筋，肯想像，敢發明。大人坐在門口、階梯上，與鄰居聊天，與路過的人打招呼。小孩用小木棒打高爾夫球，用繩盪鞦韆，而不會捲坐在沙發上。窮人會跟別人談話，不會自顧自聽 MP3。他們會學玩撲克，也會學釣魚。他們也會在街道上舉行籃球大賽，因為那個城區沒有正規球場。他們雖然沒有任天堂（Nintendo）電玩，沒有耐克（Nike）球鞋，也沒有辦公室歡迎會或大企業的豪筵，但卻能夠想出自己的一片天，樂在其中。

「窮極仍知足的，是最富足的。」講這話的蘇格拉底（Socrates）要比藉著挑起慾望創造市場的廣告公司正確得多。得不著滿足的慾求，無論是必需還是不必要的，終必造成社會的空虛感，叫人以必朽的外物的數量衡量自己，卻忽視我們內在所有之物的素質。

抑有進者，貧窮叫人打開靈性的眼睛。乏此，這個我們棲身其中的富裕社會終必被蠶蝕。貧窮能夠擴展人的視野，使人不再一味計算財富，不再以物質填塞生命。貧窮能令人看透人生，嘗盡箇中的美味，洞察其中的空虛。在五光十色與裝模作樣、持續與短暫、泯滅人性與揮霍無度的人生中，它也能教人辨出虛假與真實。它也能提醒我們，甚麼是不可或缺的，或者只是過眼雲煙，只是一己之慾，只為炫富。貧窮使人反璞歸真。

我當然不會推崇貧窮，講它的好話，認為它沒有問題，淡化它所帶來的掙扎和所造成的殘酷現實。我不會美化「貧者亦樂」的現象。可我也看見一個被非必需品充斥、塞滿了的社會，如果減少一些貪婪，多一點滿足感，一定可以、一定會使全世界變得更富足。到時候，也許孟加拉人會多吃些肉，西方人會少需要一些婚姻家庭治療師。

當人處於貧困之中，上主並不是個問題。那垂聽窮人禱告的上主，正是窮人惟一的依靠，因為惟有上主的善良可以叫他們得著日用的飲食。除祂以外，別無所依。不是政府，不是企業。惟有上主每天以各種形式施恩，才叫人有所得。

對窮人來說，「好日子」與「不好的日子」的意思，跟處身於羅迪歐大道（Rodeo Drive；編按：位於加州比華利山〔Beverly Hill〕高尚住宅區）或薩尼貝爾島（Sanibel Island；編按：位於佛羅里達州的渡假勝地）的人所定義的截然不同，「好日子」就是家中各人都有衣有食，有地方棲身的日子。「不好的日子」就是缺衣乏食，無處容身的日子。

世界上有三分二人每天貧窮度日。可是，正如伊比鳩魯（Epicurus）所說：「財富，非取決於你擁有巨大貲財，乃在於你想望的很少。」這一種貧窮正是耶穌要青年財主認識的：「變賣你所有的，分給窮人……你還要來跟從我。」（編按：可十 21）從貧困裏出來的哈利路亞不是出於匱乏。它是為了另一類的貧窮而發出的感恩；這樣的貧窮不會追求任何無助於加強感受上主同在的事物，也不會追求無助於強化滿足之心而使人享受釋放的恩典的東西。祝願人人有這福氣，以所有的為滿足。為此，我們都要以不同的、滋潤生命的方式去重塑內心。為此，我們都要學習認識自己內裏未識的貧窮，也要為著攔阻著我們的財物而憂傷。

差異

羊羣心理人人都有。因著這關聯，我們或不喜歡被喻為羊，可是事實無法改變。

當我們的街道上有一戶人家設置了假山庭園，鄰近馬上會有人跟著造。當少年人穿起口袋超大，稍長過膝的短褲，不出兩個禮拜，大廈裏的少年人都穿同款的褲。當有一家學校安裝了電腦，區內的學校也爭相安裝。我們總愛互相仿效。

我們成長所居住的同族裔社區，雖是各國融匯，卻其實從沒有真正彼此融匯。意大利人吃的仍是意大利菜；德國人仍有啤酒節；希臘人仍然守教會節期；波蘭人仍然會跑到街上舉行宗教儀式。

各處小學的小孩子都會無緣無故地這天排擠藍眼睛的小

男孩，明天排擠金頭髮的小女孩，只因為他們與別人不同。

在我的老家，新教徒與天主教徒不會同住一區。

明顯地，在人心難以接受的事情中，差異是其中一種最可怕的事物。我們自幼受訓不可標奇立異，不可離界太遠；及至我們長大成人，以為自己不再持這種想法，可一切依然根深蒂固。

與人相同變成一張溫暖的安全毛氈，把我們包住了，讓我們覺得被所屬的、我們尋求認同的羣體接納。若不突出，就不會招批評。我們安全，皆因沒有與人不同。為求被人接納，我們要任得自己變成隱形。

這一招很奏效，是一種變色龍般的生存之道，但那是心理不成熟，靈性不健康的表現。

總有一天，我們要活出個人本色。我們生於世上，為要有所得也有所給。不然，我們註定只能活出部分的人生而已。更重要的是，我們也要給別人這樣的空間，這對雙方都有好處；正是發展我們存異的人生之時，我們會因別人的同在而得著豐富。只有尊重差異，人才能夠成長，彼特拉克（Franceseo Petrarch）寫道：「單調最叫人生厭，變化方為良藥。」

為著人人有別，不作別人的複製品，我們又再面對面看見生命中的一個哈利路亞。

我難忘二次大戰後念天主教中學的日子。父母分屬天主教和新教，叫我自小要面對兩者的分歧，並發現一件事：從正面看，這分歧是易於破解的。我發現所謂的「差異」其實不多，倒是紛爭比較嚴重。那時，在美國怎樣做個猶太人成了熱門話題。

避過了大屠殺的猶太人猶有餘悸，有如驚弓之鳥。許多家庭以難民身分來到美國，發現打不進美國社會。他們雖然是「美國人」，卻進不了美國人的社交圈子，進不了非猶太人或基督徒的世界，也進不了大企業的世界，惟有自成一角。

但他們有人越過界線。那人想要知道，就問：「令千金肯不肯和小女玩？我們是猶太人，非猶太人小孩都不理她。」

我在那猶太家庭第一次看到外面的世界。我體會到不管我們認為彼此的外表有多相似，即使住在同一國家，我們始終都是各有不同的。惟一的問題是，有「差異」是一件好事，還是壞事？在這個各國融匯之地，信息很清楚，人人都要融合在一起，超乎我們本身的。更好的當然是叫「他們」依照我們的常規、標準、理想，跟我們融合。

但這顯然沒有實現；我仍看見做母親的燃點安息日蠟燭，做爸爸的誦念安息日禱文。我的父母不曾做這回事。在老家，神父在教堂裏主祭。在這邊，我看見，人們以家為殿。

我拿著女孩的希伯來故事書念給她聽，因而學到天主教學校沒有教的經文。

我參加家宴（seder），學唱「達因奴（Dayenu）——這就夠了」，學會了對上主每天賜下的美福有新的看法。我進入他們的門口時一邊觸摸門框上的經文（mezuzah），一邊念一節詩篇。我與他們的親友一起參與他們的家庭郊遊，明白到他們不吃火腿比薩批，也不吃釀餡豬排，跟我們不一樣。但他們愛吃百吉餅、燻三文魚，而我也愛吃。事實上我全部都喜歡。這經驗改變了我，令我成長，我要在多年後才完全明白發生了甚麼事。但我真的因此成長了。

西魯斯（Publilius Syrus）在他所寫的格言裏說：「兩個人做相同的事，相同就變成不相同了。」我們祈禱，他們也祈禱；我們過節，他們也過節；我們有傳統，他們也有傳統。我們真的有許多不相同的地方，但我們也有許多相同的地方。既然這樣，何必因有「差異」就彼此分隔呢？

我天真地與這個文靜的猶太家庭共度的時光，為我打開了一條門縫，瞥見一個新世界。我發現那是美善的世界。那世界有的，是我的世界沒有的。那些事物叫我對猶太羣體有新的尊重，也更尊重自己的羣體，我的心被打開了。

後來，我與非洲裔美國人成為朋友。是他們將我預備好，使我可以明白馬丁・路德・金（Martin Luther King, Jr.）。我的俄羅斯朋友們令我為美國人瘋狂反共而感到害怕，即如我害怕共產主義一樣。明顯的是，有些人被人稱為「壞人」，其實他們不壞，只是不同而已。這些差異都豐富了我。

差異能開闊眼界與心胸，是我們躲在自己小小的知識圈子所不能做到的。這是我的發現。差異叫我們能夠用另外一種眼光去看世界，也讓我們向世界提出一些問題，是站在自己一邊所不能回答的。其實，如果教育不是叫人從經驗差異裏開闊眼界，增廣見聞，它還算教育麼？

從認識別人的價值觀而得的學問，很容易叫自己的價值觀也改變過來。阿拉伯人對家庭的重視，對過度個人主義的西方是一記當頭棒喝。在西方，家庭觀念薄弱，家人各散東西，家庭因各自的活動而肢離破碎，可阿拉伯人的大家庭文化提醒我們，人與人的聯繫是最根本的事。在一個愈來愈崩裂的世界，也許家的功課是要重新學習的一課。在核心家庭與分裂的城市的文化裏，這實在是一個不好處理的問題，但我們需知道未來世界社羣的建立，乃關乎如何在自主生活與家庭連結之間取得平衡。

因著尊重別人的世界觀——金錢觀、道德標準、社會制度、民主——而有的自我觀念，是叫人謙卑，也叫人釋放的。西方不是宇宙的中心。我們的政制不是惟一可接受的形式，我們的生活方式也不是惟一的可能。我們沒有責任把它強加於別人身上，也沒有必要迴避其他的方式。

差異不單叫人學習新的處事方法，也叫人自忖：到底人生中最重要的是甚麼？最優先的是甚麼？到底真正的幸福、成功、合一是甚麼？

差異挑戰我們渺小的假設，以為世界一定是這樣的。美國人的世界、白人的世界、男人的世界、西方的世界，全都只是世界的一角，卻希圖變成整個世界的全部。惟有尊重穆斯林的面紗、中國人的笑臉、非洲人的部落、南美洲的農民，才能使我們跳出自己的框框，超越政治上的帝國主義——奉全球化之名敗壞所有人，最終令自己自食其果，失去世界社羣的豐富。

然而這正是真正的基督教的榮耀任務：追隨那位與撒馬利亞婦人和羅馬軍官談話，同時讓他們照著自己的本相做自己的。顯然地，差異不是用來融合的，而是要讓人學習尊重、尊榮、珍惜。哈利路亞。

分裂

小布殊（George W. Bush）當選之後的問題甚為明顯。他的競選承諾是團結合一，結果卻帶來美國社會並世界政治的四分五裂。友善的吹風會本來是公開討論各國見解和政治關注的場合，卻在沒有預警下瞬間變成巨大分歧的戰場。本來可以客觀評論、分析民主黨或共和黨政策的人，忽然偏袒自己的黨派。共和黨的一切都是好的，民主黨的一切都是差勁的，反之亦然。

更糟的是，雙方分歧並不純屬政見上的事，而是升級為「道德」上的事。大家爭論的不再是政策，而是對於善惡對錯、自由與極權，並歸根究底是對於基要主義基督教與真正基督教之分的討論——以及立場；而且那是人殊意異，取決於「誰」來下「甚麼」定義。換個角度看，自從幾名聖戰分子令紐約世貿大樓倒塌以來，美國已不再一樣了。

不論於任何集會或組織，彌漫著全國的思維，全部是怎樣辨認「他們」的身分；「他們」意欲何為；該怎樣處置「他們」，並我們、世界、美國的角色；基督教本身又該怎樣。我們已經變成四面受敵的國家，一個既具全球影響力，但傳統上是離羣獨存的社會。

因著這種政治/道德的界分，家庭一分為二，朋友立場迥異。震驚全世界的結論出現了——沉睡的巨人起來，動員千軍萬馬進擊邪惡的勢力，要在哈米吉多頓的戰鬥中揚威，拯救世界脱離「邪惡軸心」的掛制——其實這軸心小得叫人發噱，不管它的意圖有多大。

就在眨眼之間，就在大樓變成頹垣敗瓦的一刻，國民分裂了，全世界也一樣。男孩子們在天安門廣場勇敢面對坦克的著名圖片現已成喻，也就是人民中一羣人邁步迎向未知的敵人，另一羣人則在阻擋自己同胞的去路。

友人之間的交談不復以往。到處都是社交隔膜。人們本來在人羣中找到歇息之所，如今在其中卻只感到孤身一人。

當十九名青年人最終把另一種族裔青年眼中固若金湯的大樓摧毀，結果令家人朋友、社團國家都動搖，誰能為此頌唱哈利路亞？在那裏找到哪些可以叫人視之為讚美的時刻？

或許，那是瘋狂罷了，絕不是可為之高歌讚美的事。

這些問題其實可以從社羣角度來回答。即如巴思（Alan Barth）說的：「不消說，大多數羣眾許多時是受到誤導的。因此，消滅小眾聲音是危險的。防止集體受騙的良藥就是批判與異見。」但個人層面呢？切膚之痛？破壞關係？拆毀家園？

社會上的分歧、異見，終使我們成為獨立個體（individuals），是哈利路亞的時刻。我們對某事認真到能夠獨排眾議，就不再是社會裏的複製人。其實，叫我們對世界有貢獻的，正是這種意識到差異的能力。

到處附和作應聲蟲、墨守成規，令人不會檢視任何觀念，而只會叫它延續下去。因此，有人從不駕車、不用電腦、不出國門，單是想到走出自己領域的一刻，已心驚肉顫，害怕失去控制自主。要走出安舒區，越過我們的經驗，即等於跨越門檻，進入無法預測的境界，變得脆弱、赤裸。我們或許是首次成為小數，不再是大多數的一分子。我們給丟進一處地方，在那裏，我們的言語、口味、思想都與當地不同，不再派上用場。我們成為與人有別的人，而這種差別有造成分歧的可能。我們變成賤民、外人、小數、備受孤立的人。

它令人生變得孤單又乏味。

真相是惟有當我們的想法有別於人，我們才可發現自己原來的想法、自己原來的立場。乏此，心靈蒼白無彩。別人的想法擦出了我們思想的火花，叫我們活出真我本色。既與人有別，也與人相連。畢竟，真我是由我們怎樣看別人的想法來斷定的。能道出另一番真理，那麼屬於自己的、定義得獨一無二的真相，不論是否完整、是否穩固，正好確證我們的存在是有價值的。

意見分歧雖然往往造成關係的裂縫，但如果我們接受它，放開懷抱，它其實可以刺激腦袋，激發新創見。它能引發新事與亮光，成為尊重別人的新基礎。使鈍化了的關係重現光芒，往往就是它不再那麼沉悶、易測的時候。當來自兩處遙遠的地方的人，全都預知下一句會說甚麼話時，即是意味著我們已經不再去思考了。那時，正是磨利老想法的時候。我們要再次重新反思人生的真義。家母一貫的叮嚀是：「如果只有兩個可能性可供選擇，你總得把第三個找出來，選第三個。」

創意，往往是意見相左的結果；這是常被人忘記的事。我們的思想或一直被框住、無形地鎖住；有能力跳出條條框框的束縛的人，才配打造未來。可惜我們總要人人都抱殘守缺，不知真正的需要是讓人有創新的思維——對神學、上帝、信仰、道德、科學、生命。諺語說：「在去年的鳥窩找不到今年的鳥」，可我們常忘記這句話的完整意思。這意味著人生是不斷前進的。

正當我們準備歇下身心，不思改變時，我們就得記憶民間故事的提醒：此安不同彼安，「安穩」(steady)與「安逸」(static)不是同義詞來的。穩步前行，一步一腳印，與動也不動的安逸是兩碼子的事。我們往往察覺不到，正是那種能跳出我們當下處境的思考能力，才可以好好預備我們去迎接未來。

但我們害怕差異，以為它必然導致紛爭。看到別人與自己不一樣時，我們大為不悅，以為自己經努力學懂了的、此時已處理好的，都受到威脅。他們不是從民主國家來的，我們自忖，他們的政府一定是不完善的。接著，我們又豈敢相信他們的法律與我們的是不相伯仲的呢？

如果我的上帝一向都是一位滿臉鬍子的老公公，我就不想承認——就算上帝真的全然是靈——我這想法根本是絕不可能的。改變想法，對我的人生來說要求太多了：我不單要接受用陰性代名詞來指稱上帝；我不能視上帝為魔術師；甚至要視傳統想法和做法為靈性的幼稚，而不是品德的成熟。

我們不喜歡別人的不同想法，因為這挑戰我們的看法與價值觀。我們需要確定自己沒有偏離大家可接納的領域而漂流到想像的世界去；我們若是如此漫步到人迹罕至的地方，就會離羣，離開我們居住的主流的思想小島。要力排眾議，在拒絕新思維的社會裏生活，實在是很磨人的。

可如果創意是分歧自然生出的孩子，那創意惟一的護衛者就必然是批判的意識。標奇立異一點不難。要見識獨到則不易。兩者合在一起——有創新思維又有自我批判——則能叫任何制度都永遠有救。它阻止我們蠻幹，它亦促進發展。我們不會再冥頑不靈，不會再抗拒新思維，不會再漠不關心。在未確證某個意念為不可行之前，不會再預先排除它。批判意識是新思維的測試基礎，是明天的守門人。

人性終極的考驗在於既能獨排眾議，另闢新徑，也能與不同想法的人和諧共處，以愛相待。其所需的素質有三：一顆廣闊的心，能夠正面、堅忍、仁慈地處理衝突；有清晰的人生目標，認定前面有值得論爭的題目；一番敏銳的心腸，有超越眼前緊張關係的能力，能放眼於未來的美景。

九十年代崛起的新保守主義（neoconservatism），銳意叫全球變成一個美國村，讓西方企業稱霸全球。這情景令世人如夢初醒，驚覺到必須在存異與分裂之間作出抉擇。此前，社會中很少會有公共政策為人在地上的生活劃清漢界楚河，要求人在越界之前全面反思所有固有的人生觀和信仰觀。這樣的時刻，為人們帶來了極大的挑戰，但同時亦帶來了深邃的個人更新，甚或超過任何教會所能做到的，令人如此重視信仰生活與公共生活的關係。也許自耶利米看見日頭同樣在巴格達與耶路撒冷上空照耀的異象以來，我們從未這樣清楚地重新評估自己到底在這個世界所處的是甚麼位置。

當然，到了後來，小布殊終於贏得兩次選舉，且兩次都得來不易。在他的任期內，人人都在努力尋找自己的道德方向，在兩極化的社會裏踉蹌地擺來擺去。他們以拒絕緘默堅定地遵奉這制度。他們花大量時間擴闊自己心靈的界限，嘗試釐清真誠的信念與苦毒的批判的分別。他們再次認真地思想個人問題與公共政策，又努力在分歧的觀點中維持人際關係。在這一切的工夫裏，他們發現了各自相異為甚麼是一回值得說哈利路亞的事：為著有時間梳理思緒、反思道德抉擇、處理衝突、重新確認生命中的每一項價值。

時間沒有白花。相反地，正如畢查（Henry Ward Beecher）說的：「上主賜下萬般真理，像鳥兒尋找水灣般來到。可我們重門深鎖，牠們只好在房頂稍歇，哼一闋歌，就消失得無影無蹤，沒有為我們帶來甚麼！」我們已學曉了到內心的房頂去，聆聽差異之鳥的歌。這樣，我們更加懂得思考。哈利路亞。

衝突

伊拉克總理的信息，一句說話，很簡單：「我們沒有大殺傷力的武器」，他看著鏡頭，「可是，你們不可以親自檢查我們的武器裝置。」

世界各處的人開始分成兩邊：有些人大喊：「釘死他們」，也有些人基於實際的考量，挺身維護，說：「別動他們一根汗毛！」

各國靜觀其變，如箭在弦。人人勢將受到影響，但沒有人知道影響將有多嚴重。

數以百萬人上街抗議攻打伊拉克，也有人在大氣電波裏振臂高呼，鼓動開戰。

有許多人致力阻緩開戰，呼籲從長計議，以免向錯誤的對象、在錯誤的地方作出鹵莽、兇殘的反應——紐約世貿大樓遇襲就是如此。同等數目的人滿腦子只有十九名恐怖分子的面目，卻完全漠視那些將要因他們所要求的不公正的正義（unjust justice）而受攻襲的人。

千千萬萬無辜的人，無論是哪一邊的人，終究會受苦，世人都知道這非因他們做了甚麼，乃因政府的所為與不為。衝突釀成巨災，那些抵受襲擊、遭遇厄運的英雄，乃是大批無名的死者。

身處世界性的衝突之中，人們所面對的根本是素未謀面的敵人，無辜的人與不知就裏的人對立起來，被別有用心的人利用，成為別人的決定的犧牲品。

在國際衝突中，付出代價的不是有分製造衝突的人。設計衝突的人反倒坐享其成。

這場鬧劇被冠上「解放」之名。世上大部分的人對塗炭生靈的血腥暴行視若無睹，如常地過日子，對於以民族復仇或個人利益為由所造成的禍害，無動於衷。

落到個人層面，衝突所造成的結果雖較隱藏、內蘊、不為公眾所知，可結果仍是一樣，在人心靈深處掀起狂風巨浪。這是一場內在之戰，傷得最深，私下付出的代價也極高。

被迫離開家園到遠方殺死素未謀面之人的士兵，掙扎著為自己的屠殺行為找理據。政界人士，憑著別人提供的文件被說服去行使主權殘滅敵人，掙扎著愛國的行動到底是甚麼，是支持揮軍進擊抑或拒絕出兵。新婚的男女發現自己孑然一身，本來要一生相伴，竟然變成這個模樣。社區裏對抗著這些掙扎的人遭人排斥及邊緣化；衝突滲進了骨髓，化成冰封的情緒，無法言宣又懸而未決沒有出路之時，他們覺得社會改變了，再難以容身。

衝突遍佈各處，滲透到各階層，威脅著要吞噬人心，以及弄瞎心靈的眼睛。

衝突令全宇宙，無論是個人還是大眾的，都永無寧日。它經年累月地煎熬著人的五臟六腑。大屠殺的倖存者，至今仍未脫離它的夢魘。非洲內戰的後遺症禍延歐洲。伊拉克退伍軍人仍在夢中尖叫。縱然丈夫已死，遭逢厄劫的妻子心中依然隱隱作痛。

學習處理衝突，學習明白如何從中獲益，決定了最終和平是否真的可以得到恢復，即使相鬥的場面已停止了。

那麼，到底衝突怎可能喚起感恩、擦出讚美火花呢？要不是我們過分的虔誠，一味以必須學習將痛苦「呈獻給土」——必須將受奴役的痛苦、潰爛不堪的傷口、瀕臨險境的兒童、破碎的心靈都交給祂——作為惟一的答案，怎可能為此唱出哈利路亞呢？

其實，只要我們願意負責任地看衝突，就知道引發衝突的理由太多了。

當我們去到衝突邊緣，不論國家或個人，不論個人或國家，都被迫再次檢視自己最崇高的信念是甚麼，對之最致命的反應是甚麼。到底我們要成為一個怎樣的國家？怎樣的個人？我們所選的路真的能成就這事麼？沒遏止自己的反應——口出惡言、苛刻批判、尖酸刻薄、暴力反擊——會叫我變得更好還是更差？奚落小孩的父親會對那小孩有幫助嗎？相反，缺席了的父親從來沒有盡過半點責任，又是否在往後的日子對他們有益處？轉個場景，為了除掉獨裁者而把我們聲稱出兵拯救的國家毀掉，真的是沒有選擇的做法麼？

衝突迫使我們看清自己是否表裏一致，面對敵人時，自己配備的究竟又是甚麼武器。我們慣用的技倆，就是擴大敵意——散佈謊言（不論國家的、個人的）、破壞信任、散播偏見？要是這樣，即使有理由去一決高下，到頭來又怎能以表裏一致的方法達成和解？

處理衝突的方式叫我們認清自己的真面目。在衝突中，品格受到考驗的不是敵人，不是別人，而是我們自己。

成功的、正義的、神聖的對質，必須以尊重別人為基礎。衝突叫我們知道，大地並不是在自己腳下，站在上面的，還有別人。我們如果敞開心懷面對衝突，就可以窺見他人的需要，也明白自以為是的傲慢。這樣，我們終於學會把衝突「降級」的藝術，走下神聖正義的道德高地，看見了大家共同的毛病。

衝突能使我們更理智，也能挖掘出我們內蘊的力量。世上再沒比它更有效能的了。贊寧（William Ellery Channing）說：「困難旨在令人振奮，不是叫人氣餒。衝突令人鬥志更強。」如果我們經歷衝突之後，變得比進入衝突之前更好；如果衝突後我們的敵人只是受挫，而不是被摧毀，那我們就是真的從中有所學習了。

聖經給我們看見說明這兩點的一個榜樣。亞伯拉罕率兵拯救羅得，將敵人打得落花流水，但拒絕滅掉所多瑪。後來所多瑪王來向他要人，說：「你把人口給我，財物你自己拿去吧！」他卻斷然拒絕：「我都不拿，免得你說：『我使亞伯蘭富足！』」（編按：創十四21～24）亞伯拉罕沒有對城中的人進行報復，也沒有趁火打劫。他的使命清晰——救出羅得，所以他不越軌，不貪半點因別人不幸而來的不義之財。

就是這樣的態度使衝突有意義。任何衝突都是一樣。人際間的難處必須用談判來解決，這是明顯不過的。如果你死我活是惟一方法，我們就是捨棄正義之路，選擇以強陵弱。但能叫雙方得到公平對待的衝突，真是非為之高呼哈利路亞不可的！上主的掌權在這裏開始落實了。

罪人

說實在的，我們的人數可真不少，比比皆是……可又真的要感恩；乍聽之下，要我們為著有這樣的人而高呼哈利路亞真是頗為奇怪的：他們的人生根本是逆天而行，背乎創造宇宙者的旨意。終究，這就是罪。它可不需要誇張地擺出一副撒但般的臭臉，對著閃電揮拳哮叫。它甚至不是頑皮出位。它乃是嚴重地看錯現實，一意孤行。怙惡不悛的罪人與堅信咖啡可以推動火車、屢敗屢試的人沒有分別，同樣罔顧了堆積如山的證據，拒絕常識。因此，到頭來，罪總是叫人深深失望；而客觀來說，它還是挺沉悶的。依此，你想到魔鬼時，別以為他是道德解放的武士，應以他為被幻覺困住的可憐蟲才對。

當然，犯錯是沒有丁點兒值得感恩的。可當人自認為罪人，他其實在表明他已看到岔子，不再執迷不悟，且明白世界比他們的過犯更大。也許走出困局的路仍未明朗，也許連何謂正確也説不出來，可重要的是，這種覺悟自知所過的生活與統攝一切的實在（overarching reality）不甚協調。即是説，我們始終未能完全慣於説謊，這可不是小事。

為著罪人高呼哈利路亞，即是為著誠實初現而高呼哈利路亞。周遭太多事物叫我們親虛幻而遠真理。看看那股吹噓科技能解決人類問題的力量有多大，看看鼓吹現代西方生活方式仍可持續的自信——各種廣告宣傳活動，以至政治活動，全部都在傳播著這信息。然而，揮之不去的觀念依舊存在：我們居住環境裏的資源總有枯竭的一天，環境變差的證據與日俱增。愈來愈多人意識到出事了：知道我們脱離現實，出了岔子；套用基督教的話，他們醒悟自己是罪人。他們陷在非自己選擇，或是自己選擇但不自知的事情裏，疑幻疑真。

當然，這用法跟教徒所習慣的不盡相同。可我們若能暫時忘掉那較個人化，甚至是瑣碎的用法，回歸聖經與早期傳統，即可能清晰看見，原來罪的本質乃是與實在（reality）不相合。保羅論罪，最先想到的顯然是那種令人無法與神與人交往的思想與行為狀態——除了是在恐懼、敵對及懷疑之中。在這種狀態之下，我們習慣以為，對別人有益即是對自己有害。而基督教傳統所列的七宗致命之罪，實在是我們斷症的上好工具。

可我們又再一次將表上所列我們不該做的事視為狹隘的規條，沒有把它看作量度健康或現實之類的檢查表。我們恃才傲物、過分自信？眼紅別人、自我中心、急功近利？過於耽溺物慾、或是以物化的態度看性關係？是否麻木不仁、冷漠無情？基督教傳統指出，這一切都是使人生失真的元素。如果這番話似曾相識，且熟悉到令人不安，歡迎你加入有識之罪人羣中——失真但未完全對實在失去口胃，仍然能注意到事有蹺蹊。

為著罪人說哈利路亞，即是為著一羣能夠提出令人不安的問題的人說哈利路亞。如果你知道自己是個罪人——即是你自知對事物的看法有偏差，沒有信心自己所行的是對的——對那些被奉行不悖、關乎你自己或社會的做法看法，你可能較易感到不滿足。人生最重要的，真的就是這些麼？世上的人所要的，就是我們的生活方式麼？全球經濟的動向真是必然的，不能挑戰的麼？善良的罪人（〔good sinner〕要是你明我所指）不一定有答案，可他絕不會輕易就抹殺這些問題，以為全是無稽的。

就這角度看，「善良的罪人」所處的世界要比仍在夢中者更加寬廣、奧妙、有趣，那或多或少故意賴牀的人就更不用提了。我可以假定，當我們不單講罪（sin），也講惡（evil），在直覺上我們想指出那差距，也就是在承認自己混亂、具破壞力的狀況，與堅持此乃真實的狀況兩者之間的差距——又或者，實況如何我不管，重要的是我恰巧所求的是甚麼。「惡」不單是居於縹渺雲端的非實在（unreality）的亂堆中，它乃是硬說這為善、正常，又或說它根本就不是一個問題。幸而這並非常見。但能把它認出來是挺重要的。在那些似乎不懂察覺別人受痛楚屈辱的人身上，可以看見它。這是恐怖分子、毒販、施酷刑者的思維方式，但亦見於尋常生活之中——在一段充滿剝削的婚姻關係裏，在學校的欺凌事件等，在那些毫無道理、無視自己蠶蝕他人尊嚴與生命者的身上。這可不是說，我們因此有權指斥人，說他特別邪惡，不值得絲毫憐憫。重點不在受責備的程度，乃在乎非真理（untruth）勞役人的程度。從這方面去看，也許有許多理由表明，該受責備的，不止當事人一人。其實故意努力惟恐天下不亂的人，我們很少碰上。重要的是我們承認人抵擋真理的程度各不相同——我們也不存幻想，以為改變一蹴即至。

其實一個善良的罪人一眼就看出他每一天的行動混合

著閒懶、爭競或疑心，這些正是可以滋生惡事的土壤。那些不著痕迹的自欺、自私行動與恐怖的畫面，緊緊地連在一起——在受辱的囚犯旁的嬉笑臉孔、人質遇害時盯著鏡頭的雙眼、為了政治利益盲目否定疫情或饑荒的事實。許多年前，英國一份報紙的諷刺時弊專欄，常特寫一個好像叫「奇奧斯克博士」（Dr. Heinz Kiosk）的笨頭笨腦社會學家。他的口頭禪是「人誰無過」，不管所評論的是大惡還是小過都是一樣。我們馬上聯想到某一代社會評論家的習慣，是如何信口雌黃，但其實我們也不要太開心。罪人知道世間大惡不難理解，只不過是普通行為的伸延而已；我們得小心，用「惡」字的時候，而沒有想起人的行動、作用、源頭，以及他們和某些熟悉的模式的關係——或許遙遠卻極度叫人不安的關係。

所以，善良的罪人能察覺身處的世界，比她清楚看得見的那一個更大，以及醒覺自己在某些重要事上已成為幻象的奴隸。對於一切令她不再質疑其所熟悉的世界到底是否自然而明的事物，她是頗有戒心的。她會注意到生活中欠缺了某種關係的素質。她也會有相當的羞恥感及討厭自己，因為慣有的行動和反應模式都不是自由的，乃是出於本能、衝動與慣性，而這一切與所認識的可能生活，總是格格不入。人們認為奧古斯丁論罪的話為人所詬病，但至少他有一句話叫我覺得他遭到不公平的對待。反駁他的人堅持，每一項罪行都是故意與上主為敵的，他卻以為多數的罪都是「人們哀哭嗟歎地犯下」——自知不對卻無法自拔。這是早期基督教文獻裏，一句切合實況而又滿懷憐憫的睿智之言。

我所欣賞的罪人，就是那些看見他們的處境，然後問「我怎搞的？」的人。這些是我所愛的，較為關心的人——可我似乎曾傷害他們，一再的傷害他們。我們以崇高的理想開始，卻以妥協和失敗作結。除非我裝作若無其事，否則我一定問：「怎麼搞的？」覺醒了的罪人自知要好好學習，至少知怎樣善用餘生。這路不是直的。我們也不能憑一己之力，依照工整的計劃依時學畢該學的（那無疑是原地踏步）。然而重要的是，為今日的光景感到錯愕，以及覺悟到世界遠超自己精明的計劃，畢竟世界比我們的腦袋大得多，陌生得多。

從前的人稱這種態度為謙卑。可謙卑一詞幾乎失傳了。這詞令人想起假惺惺而誇張的自貶行為——面對不公平時袖手旁觀，不敢相信自己而拒負成人的責任，也因怕錯而不敢冒險。可我所指的詰問毫不消極，反而要人擔起最難擔的責任，即是我為一己的誠信負責任，定意考驗自己與真理的關係，雖然不檢視會舒服得多（表面看來）。謙卑的人能夠燃點革命之火。

不久以前羅莎．柏克斯（Rosa Parks）死了；那些年，這位在阿拉巴馬州的黑人婦女在巴士上拒絕讓座，這小小的行動觸發了民權運動最後並決定性的階段。她是謙卑的人，我們也大膽稱她為善良的罪人。她自知身陷非實在（unreality）的系統裏，她不是咎由自取或選擇如此。她知道自己應該把問題提出來。驀然間，她知道自己可以選擇，是否任由無稽荒謬不公平的事日復日重演。她已沒力氣跟自己的直覺爭辯了。她負起了責任，因為作為善良的罪人，她知道只要她想的話，生活中任何被自私、閒懶玷污了的東西都能改掉。但這一些與周圍的惡是連在一起的。故此，機會出現了，她有一個非比尋常的機會去採取行動，就像最終作主的不再是「惡」。要是她作出出人意表的決定，別人又會有甚麼機會？她不知道，我也絕對相信她不會這樣想——可她的行動表明，她的世界比她自己與社會所想的更大。

這叫謙卑。從抗議業界的腐敗聲中，從揭發組織黑幕的聲音裏，從那些高呼「夠了！沒有人可以獨攬大權，擁兵自重」的聲音中，都看見謙卑。這重要的聲音源於深知我們都得不斷學習。它是一種對自我的不信任——但不帶破壞性，不是說：「我不值得信任」，乃是好像在說：「我知道自己的限制，請幫助我保持誠實。」它會對別人說：「不要逃避了！你若忘記真理，會淪落到甚麼地步。」這樣的謙卑不會把世界弄得呆板危險，變得高不可攀，令人卻步。它所展示的是一個夠危險卻仍值得探索研究的世界。如果沒有這樣的學習，我們所掌握的實在，就是一個狹隘沉悶的版本。

謙卑應該是進入興奮的大門，叫人進入一個可以犯錯也可以認錯的世界，享受成長，不斷進深。善良的罪人是謙卑的，因他知道這一番探索經驗，總會被自己不知不覺地習染了的虛假所扭曲。但他也知道，拒絕長進即是自判死刑，到頭來得不償失。

在這一切的中間，是那對於破損關係的已埋葬或半醒的覺識。那破損的關係正是令我們對人對上主都有戒心的原因，它也使我們以為這種恐懼是合理和正常的。當然，要不是我們能一睹不一樣的關係，我們一定走不出去。我們那非實在（unreality）的、愈收愈緊的圈環，需要被打破。饒有興味的是，人竟會透過嚴肅的藝術、話劇、優秀的電影或音樂作品，略知謙卑真義；在這裏，看到一條領人走進視聽新領域的陌生門路，我知道自己的世界太小，生命偏差。那倒不是說我忽然討厭自己、懷疑自己的價值——反之，我可能因此更重視自己的價值。當從更大的想像空間看來，我只知我的參照準則的客觀檢視頗嚴格。

其實只要稍一細想，這又是不言而喻的。要是我們那充斥著疑惑與狹隘事物的世界從來不受干擾，我們也永不會有理由以為全豹不是如此。假如真理不是不時滲進——不管是從別人的生命還是藝術作品，或者（較多人的經驗是）藉獨處、靜修而來，我們還可以安心地——若非愉快地——在我們版本的實在中過日子。善良的罪人，或者我所謂非執迷不悟的罪人，自知所處的世界是會被滲進的，就總得面對一些令人不安的事物吧。

這樣的理解幫助我們明白，耶穌如何在福音書的故事裏影響祂當時的世界。有祂在，人們會對自己有新看法。記得彼得吧？耶穌告訴他會奇迹地打到許多魚。他就說：「主啊，離開我，我是個罪人！」（編按：路五8）他面對面看到奇迹般的慷慨——只知這不是他慣常的生活環境。可耶穌清楚知道，是時候要他活在其中了。矮小的稅吏撒該也一樣，他爬到樹上看耶穌，不想給人留意到。耶穌駐足抬頭時，沒說：「你是罪人，快改變所行的！」祂沒必要這樣做。祂主動說要到撒該家中作客，而撒該馬上說：那我不能不改！

彼得和撒該同是破題兒第一次看見，一個不因怕上主和怕人而被扭曲的真實面孔。這就夠了。世上若能夠有這一張臉，就這一張，那我所知的世界，就真是太小了。所以，每一次彼得、撒該或你我說：「我是個罪人」，我們乃是再次提醒自己，如何藉著耶穌瞥見了那憑自己作夢也沒想到的世界真相。這是個極好的理由說哈利路亞。

原因是，這樣自認罪人，同時也表示了有路可走的信心。從我們的角度看，路途十分漫長，充滿沮喪，進兩步，退一步，失望又失望等等。但重點是，上主以為祂直接介入是值得的——既明示了問題有多嚴重，又賜予我們一段支持我們的關係，使我們常活在真理中，無論於我們的角度看，我們是多麼的步履蹣跚。基督徒為了研究這事，費了不少勁兒；他們知道，這關係的根源與耶穌的死有關，就是在那一刻，似乎世人選擇非實在是無從挽回之際，但也是那一刻，得勝的一方其實是上主的真理——可是他們無法以簡單的話來解釋此事。這也不成問題。先行的是哈利路亞。為著生命受到干擾，以致我蒙了憐憫，自知有錯，但錯不至無路可走，哈利路亞。為著幔子撕開了，呈現眼前的是一片新天地，哈利路亞！

聖人

聖人其實與罪人是同一類人。之所以這樣說，除了他們顯然原先都是罪人，都是凡塵中一員之外，也因著按聖經用語，即如保羅稱他的收信人為「聖人」(saints；或譯「聖徒」)，但其實他們明顯破綻多多。基督徒的「聖」(holy)並非與人有異的個人特徵(「她身材矮小、一頭烏髮、肥胖臃腫、聖潔」)。所謂「聖」，指的是與上主已建立了某種關係，從而有了新的可能性。

如果「聖」是個人特徵，那就有些人強，有些人弱了；或者，你也會欽羨別人那麼神聖了(「真羨慕她一頭黑髮，更羨慕她那麼聖潔」)，也可能會拼命去使自己變成聖潔。「聖」是很弔詭的事，所以其實我該就此擱筆——即是你愈使勁，愈在這點上注意自己，你就愈沒有可能有所得，更遑論可以與人分享了。借一個老掉牙的比喻來説明吧：聖潔之於人的特徵，其關係就如光之於窗戶。窗戶放對了地方，光自然透進來；人站對了位置，上主也從那人身上透出來。

是上主透出來。稱讚人説他好，跟説他聖潔，是兩碼子的事。君子、好人，不管是先天或後天的，指的是他懂得處世為人、規行矩步、予人有益。有時候，他們卻會叫別人自慚形穢，自歎不如。可是，千百年來的共識認為，聖人總能為別人開拓新境界，引發喜樂——可不需費勁去激勵大家（萬萬不可），一切乃自然而然的。若你稍為回想上一章的內容，就可以拿他們比作藝術品——他們就只叫你看見那更廣闊的世界。

因此，我一想起聖人，不期然就想起那些開闊了我眼界的人。有時候，他們「聖」得合乎常規，有時候則不。有些能令人看見新視域的人，本身頗有瑕疵、不能自制、積習難返——最著名的例子可能是馬丁．路德．金。我還可以想起身邊好些「奇人異士」，他們似乎都不會因氣質陋習、性困擾或酗酒等事而被抹殺。指稱這些人在某個重要意義上是聖人，絕對不是文過飾非，也不是認為他們的弱點並不緊要——他們自己也肯定不希望別人這樣看待他們。這樣指稱，只不過是説明了他們恆久而英勇地站在崗位上，讓光可以透進來而已。

至於較「常見」的聖潔，許多人愛看韓得拉（Tony Hendra）的《祖神父》（*Father Joe*）一書。這書幾年前出版，叫人認識到一種毫不矯揉造作，又沒有宗教八股的神聖榜樣。書中主角對遇到的每一個人都是那麼專注，總叫對方喜出望外。不過，與其說他令別人覺得自己有非凡稟賦，「獨特而有趣可愛」，不如說他單單因對方就在那裏，單單因對方之所以為人，便配得他毫無保留的關注與愛心。我有幸與祖神父相識多年。我所經歷的「神聖」，相當簡單，那就是一種不被拒絕，不被抹煞的信心。他總會認真地聽，不管我說的、想的、詰問的是甚麼，他聽後總能帶給我新的啟發。我說過他十分重視我；但與此同時，他亦不住強調，我不要用錯方法來重視自己。一次，我遭遇重創，去找他開解，我開始明白真正的憐憫是甚麼。他以悲憫的心聆聽我，但沒有叫我以受害者的角色來自憐，只是讓我更真實地善待自己，且能照樣去善待他人。

為了這經歷，哈利路亞！也為從祖神父身上學到這功課的人唱哈利路亞！聖人就是能夠引發世人以新眼光看事物的人，並由此造成了連鎖反應，甚至叫不信與未信的，也確知此事——每一個人都有超乎所想的可能性。那可不是說聖人總是隱沒在人叢中的，因為他們的氣質一律是自謙。一般誤解以為無私的人必然是溫文退隱。可幸的是，聖人的氣質多姿多采，沉鬱的、外向的、急躁的，樣樣都有。當然，我也認識自謙低調、沉默寡言、客氣地謝絕應酬的真聖人。我也認識像杜圖（Desmond Tutu）大主教那樣的人，他的心腹好友絕對不會說他是個自謙低調的人。如果說祖神父教我認識真實又坦誠的憐憫，杜圖就教我明白何謂神聖的自我中心。有些人十分享受自在地做自己，令旁邊的人也受到感染——那與一般人所見的自我中心迥然不同，後者把別人推到一旁，為要讓自己這顆明星成為眾人的焦點。

我是以不一樣的眼光看神聖的，也許，我因而不把它視為個性的特徵，更不會說它是強化了的良善。似乎它是活潑跳躍的。它改變人的感覺、思想、行動，而改變是漫不經心、不費吹灰之力而至的，它只是自在地做自己，做一扇窗戶。如果一個人竟能如此目光高遠、親切、誠信，我是不是也能夠像他一樣？正是這樣，人們對聖人又愛又恨。約翰福音早已指出虛謊一旦被揭露，反撲起來有多兇猛，這讀來實令人不寒而慄。聖潔能改造也能揭露。耶穌在福音書裏一句叫人不安的話是：「我若沒有來教訓他們，他們就沒有罪。」（編按：約十五22）祂的臨在引發了危機，要人作出抉擇：

支持或反抗？新世界或舊世界？你不可能繼續天真：要不就醒覺離罪，得蒙赦免；要不就固執盲目，視而不見。

對基督徒來說，耶穌是那位透光的人，於每時刻，祂的生命和臨在都在說明聖潔為何物。可那些伴隨在祂四周的聖人們，努力守住祂所在的位置的一羣，如前所示，全部滿身瑕疵，脆弱不堪。這人有瑕疵，那人也有瑕疵，真教人鬆一口氣！也許我們終究別拿他們太認真吧！有多少人在馬丁．路德．金的私生活曝光後，暗暗倒抽一口氣呢？我們終於可以指手劃腳，指斥別人，毋須自歎不如，也不必自覺需要有所改變。我們每次嘗試「解構」一個偉人，我們都有不同程度的釋然。甚至明顯的過失也有作用：未出事前，美夢迷人；出事以後，大家夢醒，面對現實。至少我們不必被不真實的世界的可能性所干擾。

有時候，我不禁猜疑，耶穌的門徒是否會在受難日之後，在憂傷惶恐之際，同時也略感釋懷；我也更加明白，他們有些人為何真的不想相信耶穌會復活。

聖潔，是當人被新世界的實在（reality of the new world）擊倒以後才出現的；見乎此，即看見令人極戰慄也令人極興奮的事。哈迪（Thomas Hardy）所寫的詩，提到古老的鄉村傳統：聖誕前夕，田野與棚內的牛羊都會跪下來。詩人「冀盼果真如此」，顯示了心存疑竇，在世途上已覺疲憊者的心聲。盼望不死。似乎，人們愛看祖神父等人物的故事，希望所見的不是虛談，乃是一扇窗，通過它，看到了願景，而且那願景不單只是一種理想，更是確實可信的事實。可哈迪要是真的見到牛下跪，到聖誕翌日，又會不會找到好借口，固執著那縹渺的不可知論呢？

我們對聖潔始終是欲迎還拒，又想又怕——正如聖經描寫人對上主，以及人對上主以肉身來到一事的反應一樣。耶穌把特別兇猛的惡鬼趕走了——可當地人竟然反過來要求祂離開。祂允諾給人無條件的憐憫與接納——可結果被釘十字架。換句話說，聖潔是一個提醒，只要我們肯去思想，就知道它指出了我們以致全人類歷來所做的，都使我們患上對「實在」（reality）的過敏症，同時也指出了我們從來未成功泯滅那顆求真之心。

我們要為著聖人們說哈利路亞！為著甘心付出代價站在光中的人，甚至因而暴露本身的不足與缺憾者而說哈利路亞！人們在談論十九世紀英國的孟寧樞機（Cardinal Manning）時，反對說他「具聖人樣式」（saintly）；他確是玩弄權術、大有野心，甚至不擇手段的人。但另一位學者答辯說，神奇之處不在於聖人竟然會玩弄權術、野心勃勃，而是一個有這股性情的人，竟然可以在某些方面流露出聖人的樣式。毋庸置疑地，他讓上主的光透過他照亮維多利亞時代倫敦的無數赤貧工人，這事實使他性格上的弱點更加明顯。但重要的是，在他內心某處，上主的愛與公義之實在，將他擊得東歪西倒。他的生命顯露了這實在。至於在那些教會政治中他所涉及的爾虞我詐及競爭，那可不去計較了。

我們假設自己生活的文化氛圍是包容與放任的。可是——從媒體的表現看——我們同時也非常強烈地講道德、愛判斷；我們期望（至少裝作這樣）忠奸分明。我們不懂得面對人生命裏的複雜性。我們為名人與政治人物（今天也被當作名人）披上各式各樣的神話，把他們通通當作好人，又單純又誠實，然後把他們打成壞蛋、可憐蟲，之後再一次叫他們大受歡迎，將尷尬難堪的事拋諸腦後。要從這樣的生命中提取任何意義是一件苦差；優劣參半，既有犯錯也有出賣，有羞恥愁苦，有復原也有自知。人生只是斷斷續續的片段。要在這種氛圍裏明白聖人的意義可真不容易。正如我一直說的，如果聖人不是單指特別好的人，而是指學會了活在透光處的人，那我們應該預期大部分聖人都是三尖八角，甚至亂七八糟的。如果他們把超然屬靈的同在與亮光，混進某程度的浮誇、懦弱、橫蠻或別的令人懷疑的特質裏，那亮光是不會因而失效的。他們沒有叫我們努力打拼，好跟他們並列；他們的存在乃為告訴我們，只要跟他們相伴得夠久，也許會同感另一世界的美妙，在那裏，改變不是憑著努力，乃是憑著汲取愛。

如果看聖經，尤其是保羅的書信，可以看見「聖人」一詞的用法，有異於我們一般所想。保羅的受信人並不是特別好的人，他們只不過是住得近耶穌一點，呼吸著一樣的空氣而已。結果，他們的失敗與不忠因而變得更顯著，有時甚至因而錯得更厲害。而且，他們也不會因而自動變得受歡迎，甚或彼此自動融洽相處。不同的是，他們已甦醒過來，不能假裝世界依舊未變。他們已經負起責任，要叫人看見且相信這新的世界。

我希望你明白，我說他們與罪人如出一轍的意思。兩者都叫人質疑世上理所當然的事。他們與藝術家有頗多共通點：力保願景之門永遠打開，抗衡一切試圖把門關閉的人事物。你一旦涉足其間，即自覺一切都要重新開始，也看見原以為有可能的一切，已然更加廣闊。

教會對於官方聖人榜的宣告相當認真，我也同意此舉頗有意思，叫我們可以藉著這種「人丁單薄」的名單，像在說：「當我們說『聖人』，指的就是這類人。」但我們也得提防兩個嚴重的錯誤。一就是以為凡是榜上有名的人，就不可能有大錯、罪過、失敗。沒有人味的樣版對我們一點益處都沒有；我們不需要登峯造極的完人，而是需要能教我們認識上主性情的人，叫我們看見祂的榮耀，祂是如此令人驚異。二就是誤以為神聖(sanctity)是榜上有名者所專有。想深一下，其實人人都有自己的聖人榜，列出了能叫我們感到上主的真實的人。如果我們有自己的聖徒曆，當中寫滿了名人或者我們認識的人的名字，那又何妨。有時候，我覺得各教區如果能有這樣的聖徒曆，去記念為當地羣體真真正正開啟了大門的人，也是一件好事。幻想一下，教區通訊有這樣的字句：「本週十月四日，聖方濟；十月五日，黛爾瑪、彼得……」

這又叫我們想起一個根本的事實：聖潔並非公眾恆常大肆記念慶祝的主題。它總是有點隱藏的；我們可以預期大部分聖人都只得小部分人認識。如果要用戲劇性的用語去描述，可以說這是上主對付惡的最成功策略：深藏不露、不著痕迹。魯益師(C. S. Lewis)的小說《醜惡力量》(*That Hideous Strength*)描述的惡棍，在許多方面都是絕頂聰明的——尤精於利用人的弱點，但他們總無法看見破壞他們奸計的真正力量從何而來。書中的一眾聖人在惡棍眼中往往是最不起眼的，總以為都是悶棍，不必擔心。有一段諷刺味甚濃的文字，描述那些壞人埋首於尋找最令他們頭痛的究竟是誰，他們鎖定了一個活躍於教會政治，對信仰坦率的人。但其實這人根本沒有任何角色，我們甚至從未見過他出現。成事的另有其人。

為聖人唱哈利路亞，即是為著成就事情的人，即能讓上主透進來的人，高唱哈利路亞。有一首關於聖人的、為人熟知的聖詩，其中一句是：「我們仍作戰，他們穿榮衣。」（編按：中譯參《生命聖詩》219 首）意即聖人大功告成，我輩仍在途上。但我喜歡它另一重意思。在上主眼中，大放光芒的人絕對不會總是轟轟烈烈大幹一番、又戰鬥著搏鬥著的人。我們經常這樣忙個不休，事事參與的人要謹記：真正成事的可能是一大羣我們沒見過或不認識的人。他們在平凡的生活裏與上主一起，散發著光芒，照亮四周的人，成就我作夢也未想過的事。當然，我們仍當竭力工作，不能用這種信念為藉口，以為會有人擔當工作，就袖手旁觀。但這信念能叫我們學懂恰如其分和心存忍耐；它叫我們較能容忍自己的過失；它甚至可以叫我們看見，自己盡上本分，原來是可以為某些地方帶來改變的。

聖潔之出現，沒有任何直線的因果關係。實情是，上主使用我們配合祂的心意，不囿於時地。最重要的是，有人因上主而驚奇，於是騰出空間讓上主的生命透進，且留守在他們與上主相遇的地方，以上主的作為與生命，傾注他們混亂、凡俗的身心靈，致大地得著更新。

II

活出真我

Becoming Who We Are

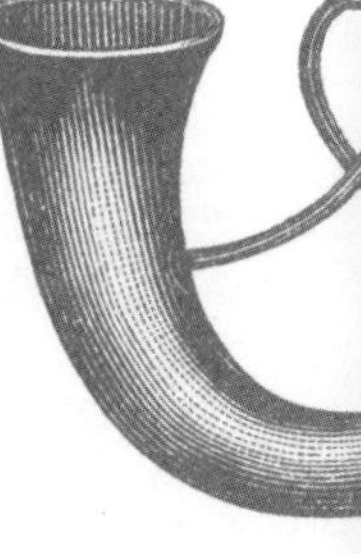
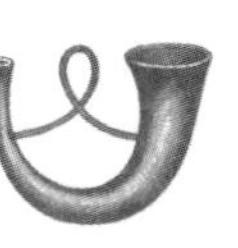

創世記

知道家母的家庭自十八世紀以來居於何處的這點知識，令我自豪得不可理喻；今天仍然可以認出卡瑪森郡（Carmarthenshire）的蘭都桑（Llanddeusant），他們擁有的幾塊田，還有位於斯雲詩山谷（Swansea Valley）上游山後的小農舍，他們在那裏度過十九世紀大部分日子。在爸爸的這一邊，我們保留了一冊巨型的威爾斯話聖經，扉頁內記載了家庭成員出生、婚嫁和死亡的日期。它記載了父親的家庭在十九世紀時住在哪裏，也讓我想起當年礦工家庭的辛酸史——爸爸八兄弟姊妹中，有兩個出生不久即告夭折，他自己七歲喪母。

我自豪得不可理喻，一方面因為這點家族歷史知識似乎沒有實質用途和特別意義。可是人們還是為之著迷，甚至沉迷，尤其當人不再慣常地記錄這些事，而變成無可追憶（巨型家庭聖經幾已絕迹）。我們顯然需要把自己的人生放置在更廣闊的背景、更悠久的故事裏，深知乏此更大的視角，我們無法説明自己的故事——並且如果不去溯本尋源，關於我自己的一些事，我將無法明瞭。我們所要的也不是深入探索甚麼心理潛流（psychological current）或衝動、家族咒詛或家族中的天才，而只是要知道是甚麼造就我的父母，使他們成為他們自己，他們有何盼望或恐懼，他們望出窗外（實質與比喻的）時看見甚麼，以致我可以看清楚所得的是甚麼遺傳，即使我還未意識到這些。

有時候，無論是在個人的生活，還是社會的生活中，複述自己的故事的這一過程，是替自己解説和辯護的方式，並替我們為何於此、我們是誰尋找理據，自圓其説，好一勞永逸。我們會説這是成功的故事，抗逆的英勇事迹或受到不公平對待和迫害的事迹；我們要捍衞這個來之不易的成果，或我們要維護貴族血統的尊嚴，又或誓要追討損失。我們的一言一行，我們之所以有這些要求，全在於以往所經歷的。沒有人期望我們會改變。歷史如此，不容反駁。但從另外一個角度來看，這樣處事是相當奇怪的。當我們講故事時，難免會指出事情其實大可不必如此，其意思是我們猛然醒悟，警覺其中太多偶然性。美好的故事並非依書直說，接受命運安排，而是抽絲剝繭，梳理出多元的、出人意表的因素，令人明白事情為何如此發展——這正是「假如這樣又如何」的遊戲那麼好玩的原因（假如那次戰果不是這樣？假如當時他沒有意外墮馬，又如何？），而個人際遇也是如此（假如當年我沒有去那個舞會且碰見你？）。

我們需要知道自己的身世，也要知道在這故事的發展過程中，其實隨時可以有截然不同的演變。同一道理，歷史可以幫助我們明白，今天之所以如此，多少是由人的選擇造成，多少是命運使然。它也能叫我們面對現實，明白到在我們無法控制或掌握的事情上，人所作的決定有多重要。它告訴我們，我們有自由令人事物改變，但它也叫我們知道，變成怎樣並非一定可知。

故此，猶太人及基督徒的故事堅持從起初說起，是挺自然的。「創世記」英文是“Genesis”，字根是希臘文「生成」（becoming）；這卷書論說我們如何成為今天的我們。你可以說，聖經一開始，就是部家庭的聖經。但最教人心頭一震的是，創世記不是歌頌祖先的故事，也不是為合理化作者行徑而寫就的；它指出了無論是從人類的角度，還是從上主朋友的羣體這角度看，我們的歷史乃是訴說人怎樣錯看自己，錯看了人的需要與慾求。它沒有叫人緬懷先祖的黃金世代，而是記錄了一次又一次離鄉背井的故事。當有意識的活人在世上出現，搬家的事就出現了——其實是被逐離家，因他們妄想得著非人所應得的即時知識與不朽之身。他們被放逐之後，繼續墮落，直到洪水淹沒大地，人類才掀開新頁。上主子民的先祖亞伯拉罕亦曾連根拔起，經過了漫漫長路，從家鄉迂迴曲折地前往異地。上主又吩咐他獻上親兒，看來最終不會有人承繼他所得的，有地而無後，而一切旅程和探索看來都是一場鬧劇。及至子孫們終能落地生根，又被迫全部遷居埃及。

以這樣的事迹寫一部講源起（beginnings）或生成的書，真教人摸不著頭腦。它強烈暗示，生而為人，即使是生而為上主的朋友，生命的成長總是指告別熟悉的事物，走出家園；而「離鄉背井」原是我們人生的狀態。我們愈遠看自己的故事，就愈看得清楚，在某層面來說，我們根本從來都不在家。或者說，在家並非指長期安居某地，停在一處不用發問、不用長大的地方；「在家」其實是關乎確信那位一直在旅途上伴隨著我們的上主。因為創世記另一大主題是「約」（convenant）——上主向亞當和夏娃、該隱、挪亞、亞伯拉罕並其家族一再重申的應許。無論何事，無論他們如何漠視和違反上主的訓令，祂依舊伴隨著他們。

我們現時看到的創世記，乃成書於以色列人對離鄉背井的流放生涯仍然歷歷在目的那個歷史階段。及後，新一代的文學和律法專家要編出一部新書，以說明他們所見的民族身分核心，並指出百姓與所服事的上主的關係，即他們所相信的那位曾呼召他們的上主。亡國、被擄、回歸，全是新近的經歷，刻骨銘心。他們有任務在身。他們從豐厚的傳統裏抽取了幾項最基本的元素，以反映這些新近的、在異族文化中的回憶，以及回「家」安居那意想不到的困難，並對那個「家」的強烈陌生感。

人若與上主相伴，任何原以為是家鄉的地方，都會變成他鄉：上主是不會被困在某處，變成從睡房望出去的景觀，又熟悉又舒服。當人以上主為家，一切都變得又陌生又不友善，只有上主自己不為任何環境所改變。上主無生之始，也無生成的過程：我們對祂之所知，乃是憑著祂所應許而樂意讓人知道的，也就是祂自由地與所召的人為伴。若上主呼召亞伯拉罕離開米索波大米亞（正如祂從大河那邊召回被擄的以色列民），也就在新的地方，在陌生的巴勒斯坦山頭，等待著與他相遇。有上主相伴就是家了：這一點，只有當亡國流放的歷史逐步展現，才可以知曉。

這樣的觀點叫人對「應許之地」有不一樣的看法；創世記和出埃及記對這地十分重視。這塊從哥蘭往南地伸延的窄長地段，就是整個故事的場景。在這裏，歷史故事的主角不斷漂流又不斷回歸，標誌著上主是信實的：回到這裏的人總可與祂重逢，因為祂把自己的「名」、自己的同在，安立於此。

正如希伯來聖經的神學所展示的，耶路撒冷城與聖殿代表著上主的同在與工作。百姓每逢在那片土地上、在聖殿中聚集，就必看見上主，即是列祖的上主，仍舊與他們同在。但這不單單是一個從此以後永享此地、高枕無憂的故事；如果他們安居之後，置上主要求於不顧，他們在靈性上已經離開擁有此地的上主，就是那位與他們作伴的上主，成為被流放的一羣。無論是基督徒還是猶太人，有時候都對這片土地抱有古怪的想法，以為它純粹是上主選民所專有的產業。但聖經表明，這片土地乃是一個更大的故事的其中一部分——一個警戒人不要憑空誇口、沾沾自喜的故事。

我們是從哪裏來？照創世記說的，我們是從上主的決定而來，而這位上主向人所展示的是無窮的、令人吃驚的柔韌性，只求與人相近，縱使我們證明自己是不能安於祂所賜的分。我們來自伊甸園，即聖經所載的最短暫的黃金時期；在那裏，亞當與夏娃談了沒有兩句，就已經幻想著毋需經歷，只憑魔法就可以長大成人，飽得智慧。這場面熟悉得令人打顫。我們來自挪亞方舟，我們擠進了細小的空間，與別的受造物擠在一起，是如此的緊緊靠在一起；我們被迫正視自己只不過是這星球上的其中一員，與其他棲居者同樣脆弱。我們是從迦勒底的吾珥來的，那裏既安定又安全，可也容不下自由的上主那危險的同在，故此我們告別家鄉，尋找一處再也聽不到慣熟的社會所發靡靡之音的地方。

我們的家庭樹多奇怪，哈利路亞！我們的家庭傳統似是頗為出人意表的，這傳統裏的人的生活，總是不斷追尋，並重新開始。這傳統仗賴肉眼不能見的友伴，而每當我們試圖馴化祂，或試圖去掉個人或集體成長的困難，苟且偷安，祂就總會令我們無法得逞。創世記是講述上主的定旨如何展現和施行的故事，但它不會讓人以為上主的定旨容易捉摸；甚或其實（許多時候）我們對祂所用的方法、所定的時間，根本就無從抓準。

因此，為創世記唱哈利路亞，即是為聖經感恩（無論它是如何被信徒與非信徒曲解），因它強而有力地反對人們聲稱一切都由命運主宰，或某些歷史使命乃上主命定。我們知道聖經所載的最早的真正使命，是亞伯拉罕所承當的使命。

他奉召做兩件事：要成為上主百姓的先祖，並要告別他向所認知的家。他要按著那看不見的將來去過日子——與照著清楚可行的劇本去演繹，這可完全不一樣。

聖經歷史啟示的上主，是如同哲學家所說的「以曲線劃直線」的那一位。創世記結束時，選民歡歡喜喜地告別應許之地；我們回顧歷史，可知這不是故事的全部。後來，百姓要求立王，置上主明明的禁令於不顧；然而連王位也要變成上主應許的記號。大衛蒙上主揀選為王；他的生涯成為整部聖經裏個人故事最長篇的記載，有如過山車一般：跌倒、逃走、出賣、遇險境、死裏逃生、痛苦挫敗，鮮見超自然介入參與其中。在這齣戲劇的人類七情六慾、變幻無常之中，上主的工作未曾停止，祂的相伴是惟一恆常可靠的。

人總喜歡講命定。無論個人或國家，我們都喜歡按照自己的想法，自認是上主所用的人。可是當上主告訴我們，從聖經所見，祂所用的人的生命，竟是那麼不一樣，那麼危險，或直接點說，是那麼像尋常百姓在打拼努力。一如既往，聖經拒絕附和我們希冀擔保成功的幻想。每當有人——到處都有——用宗教修辭說甚麼替天行道時，正是叫世界的和平與穩定大受威脅之時；猶太人與基督徒必須挺身而出，為聖經作見證，見證上主那遼闊高遠的視野。「上主做事，沒有我/我們，豈能成事？」這是潛伏在熱心參與各樣事情的人心中的問題，也是一條可以想像得到的、最嚴重違背聖經的問題。

人之所以為人就是要「生成」(genesis，即"becoming")。在我們的信仰歷史中，成長（growing up），即是在一位超乎所有「生成」、超乎任何掙扎以及超乎自我界定(self-definition)之需要的上主之相伴下，活出真我。早期的基督徒其實界定上主為「那位不再生成者」(可在這定義的過程中也製造了一點理性難題)。他們可不是為了配合希臘哲學思想而搞亂自己對上主的想法，乃是為要弄清楚，為何在聖經故事中，上主總是百姓隨時的幫助——因為祂自主自由，從不受困在百姓不住「生成」的處境之內。我們之所以能夠成長，徹底改變，正是因為上主並不屬於這個會變幻的世界。我們與上主的關係，讓我們可以在各種的變幻裏，仍然不失故事的連貫性，融貫為一體。這關係成了故事的背景。對上主的朋友和子民來說，我們的生命是一個融貫一致的整體，那倒不是因為我們演活了既定的偉大劇本，乃是因為在我們的發展過程中，那位眼不能見的上主，與我們相伴，始終如一。

創世記是為全本聖經定調的書卷；假如我們硬要把裏面

的人物變成無懈可擊的英雄，總能明察秋毫，那就是沒有正確對待猶太人與基督徒的聖經了。我們所讀到的是上主呼召了我們，向我們表明，跟我們相交的是一位怎樣的上帝，並且祂如何照著人的誤解和任性，不斷俯就我們，拒絕任由我們永遠困在自己發明的幻想與籠牢裏。整本創世記，甚至整本聖經，從一個非常重要的意義來看，其實是一個冗長的註腳，為要説明聖經開始時所宣告的——這故事中的上主，是位在萬有起源背後作出完全自由決定的上主。我們所有人的故事的起點，並眾星宿、原生動物及恐龍的故事的起點，全出乎上主的慷慨鴻恩。萬物沒有必要存在，但上主發乎愛，事就成了。上主要分享生命，要聽見迴響。上主要屬於祂的生命，在時間內生成和改變——能愛、能享自由與關係。祂如何，祂在生成的一切過程中也如何。基於這個原因，當上主介入人類歷史時，我們當知道自己將會遇上的是慷慨和信實。

因此，當我們講述我們起源的故事時，不可能拿它來自吹自擂，自我炫耀一番，也不能拿它來為某些往事貼金。我們的一切價值和穩妥，全部源於上主對祂所造之物的喜悦。人與物的價值，只在於其存在正是上主喜樂的外溢。我們也知道這件或那件往事的價值，全在於它能多深地激勵我們愛慕上主要我們活出的生命，並追求滿足的屬天喜樂與自由，即受造物最終的目的。

我們與上主的關係，如何改變了我們、造就我們，就是我們本來最根本、真實之所是。我們尋訪過去，撫今追昔的時候，千萬不要聚焦於找尋某些關於自己的最原本的真相，以圖發現「真我」，無論作為個體，還是作為羣體。我們的追尋，應該使我們更加認識那主動的愛，並為此而驚歎。這愛是在我們尚未存在之前已有的愛，甚至是我們自身「生成」的首句尚未寫成之前就有的愛。因此，為著創世記高唱哈利路亞，其實是為了在它之前的寧靜沉默（silence）唱哈利路亞，這神聖圓滿的沉默，孕育萬有，令人震懾，正準備在受造、變幻的世界的豐盛裏迴盪。

生命

在外面，海灣盡頭小島那邊有一列小漁船在釣魚作業。在海面上的小山丘，四周的小牧羊犬在一羣活潑的綿羊旁邊吠叫。人們在克里徑（Kerry Way；編按：位於愛爾蘭的步行徑）上漫步談話，時而停下來看看另一簇剛吐的花蕾。在室內，在電視屏幕上，愛爾蘭在羅馬意大利隊主場，準備與東道主展開六國橄欖球錦標賽事。那股興奮的氣氛使得全島都在震動。

我沒有釣魚，完全不懂牧羊，不能走遠路，更加對橄欖球沒半點興趣，可我也興奮不已。我活在這一切之中，而那觸電的感覺跟我一樣老，卻又新似晨光。

但人生並不風光如畫，縱使有時看來如此。

只用鄉村風光如畫的時刻理解人生——目標是一個舒

適的社會——根本就是不了解人生。人生要求的素材要豐富得多。人生既是哀歌也是交響樂章，是悲鳴也是讚美詩。

在今天的世代，對於「生命」的定義相當模糊。不管貧富，對生命的看法都不盡相同。人言人殊，甚至同一人在不同時候的看法也不同。

人生的問題迫使人追求答案，且需用一生的時間去回答。生命的本質是美好的，抑或是艱苦的？是要承當下去的，還是在飽受過大壓力的時候，可以隨意放棄的？是一定要苦杯喝盡，還是可以在吃不消的時刻舉手投降？

事實是，不管今日這時刻的鄉村時光如何，此情此景不能長久。小艇會被風暴擊沉。大地上的綿羊會染病，牛畜會死亡，人也會餓死。漫步的人會疲倦。冠軍隊伍也會落敗。生命之脆弱總會一再出現：時不對、地不對、人也不對。

正當愛爾蘭的小船在陽光之下飄盪，在彼岸我的家鄉，有一個八十五歲的婆婆，被一個八十四歲的公公開車撞倒了。大家都沒注意到大家。可否說她壽數已足？因為她老，她的死就沒所謂？老就不可活麼？是生命隨著時間流逝，抑或時間是隨著生命逝去的呢？

我們永遠都會為著生命的問題而煩惱。我們懷疑它的真實性，然後又斷定它一定是真的。我們四周所見的事物——

一切力量、美善、歡愉——總不可能是虛幻的。我們的生命總該有永恆的意義。否則，怎會有覺識？怎會有痛楚？

對人生的看法是總有另一角度的。凡事總有兩面。

在世界各地都有無辜受戰禍牽連的人。整個民族在捱餓，工作過勞，工資過低，落在不能扭轉的困局裏受責。那算是人生？那是甚麼人生？如果人生就是這麼脆弱和飄忽，何來感恩？如果愛是那麼短暫，非如所望的那麼長久，愛是否一件傻事？如果所有生命都是自然成長，自然會有所成的，哪又何必辛勤追求？如果人生是一份苦差，還管它作甚麼？

真相是，這一切好與壞、苦與樂的元素——都是人生的哈利路亞的要點。愛一來到，哈利路亞就成為每一天的伴歌。每當自知一己之所能，我們就能為別人和自己的恩賜感恩。當我們發現每份苦差都可以叫人快樂滿足，只要我們樂意作，就沒有任何要求是過分的了。這一切一切都成為活出哈利路亞的人生的過程之一。這生活的一切也塑造著我們和我們之所是。

還有，幻變的人生再三給我機會，於今天，能再做我們在某年某處所沒有做成的事。人生不管有多少波折，都可以是一個漫長的成長時刻，讓我們成為最好的自己。我們終於明白，人生就是向著上主成長的過程。

但是這過程不是直線一條，而是時進時輟，有些時刻顯得並無意義，又有些時候考驗著我們心靈的素質。

向著上主成長，倒不是叫人至臻完美的過程。追求完美（perfection）是人類的理想，可卻是一個不知自量的理想，完美從來不會是人生的常態。完美不是屬於人類的。

追求完美反只會叫自己陷入灰心或絕望中——這都是不健康的，只會叫人偏離人生的目的。

但自覺（consciousness）則不同。自覺能夠把人生最平凡的那些部分變得精彩。自覺告訴我們，人生所經歷的都有意義，我們做的所有事情都叫我們更加接近我們要去的地方，不管我們是否真箇清楚那就是目標所在。然後，我們就拋開自命不凡或追求完美的想法，並發現到，只求讓自己真真正正地做一個人，這過程已足以使生命充滿意義。我們或許只是空地石頭上的螞蟻，而不是腳踏各大洲的巨人，事實也的確如此，但我們明白我們真的是幸福的螞蟻。

惟有自知渺小的人，才有可能開始抓住上主的偉大。許多時候，當我們跌到谷底——喝得爛醉倒臥街頭、一貧如洗、眼巴巴看別人升職——才會感到上主的臨在，聽見裏面的柔聲告知我們，自己裏面還有更重要的東西，是足以叫我們滿足快樂，停止捕風捉影，追求虛空的。然後，我們不再倚靠外物，只以自我本身為穩妥，驀然發現再無所懼。外面的一切，再不能動搖內在的安穩。

問題是，要明白這一切，可能需要多年的時間。雜誌廣告無一不在唱反調。我們在人生的路途上豎起了一個一個稻草人，耗費歲月。我們以為事事順利，即是美好人生；我們胸有成竹，認為人生即我們的成就——我們的所有名銜、名貴汽車、子女獎狀。人生似是用來炫耀的一張公開的清單——高尚的職業、海邊的豪宅、豪華的座駕、官方的邀請——保證別人照著你所想望的那樣看你。它們成了我們自我的保衛罩的記號。我們心想，一切代表著功績、能力與價值。但願如此。可我們內心深處也有懷疑，否則我們又為何那麼害怕失去一切？失去豪華的座駕後，我是誰？失去要職，我還有甚麼成就？失去了豪宅和私家路，我的一生不是徒然嗎？

問題是人生不是那麼容易探索的。我們找到對的人一同上路，結伴同行，但內心仍舊空虛。我們一生勤勞工作，偶有所得，只是好景不常，福氣並不恆久。我們規行矩步，內心仍不安寧，而所付出的努力只是奉行公事，一點也不暢快。

然後，在我們冷不提防、最意想不到和始料不及的時候，忽然遭逢巨變。然後在我們最不想見到、也最害怕的情況下，發現到生命原來是如此質樸和純粹，無常不定和無從控制。然後生命叫我們盡失所有，從頭開始。生命使我們吃驚，要我們學習適應與成長。生命藉著我們作夢也沒想到的愛人來找我們。生命在我們毫無準備，只願全力以赴的時刻臨到我們。生命就在叫人驚異的人生夾縫中出現；我們在那裏面對宇宙的大能，以及自己心靈與它應對的韌力。

然後，生命變成具創意的可能性，而不再講求成就。它邀請我們重新開始。它開放新的門路，是前所未見，也不能抗拒的。所愛的人之死，所求之物失去，從來不知的奇異喜樂，竟為我們存在，忽然把我們隱藏的一面、另外的一面、精彩的一面向我們展示。我們以精彩萬分的新方式成長。

我們開始懂得分辨。生命不是只有一方面的事，乃是有三方面的事。

生命即是肉身的存在，必然有其限制與任務。

生命乃是情感的發展，既有欣喜若狂，也必有焦慮不安。

生命是漫長而平穩的靈性發展循環，帶著許多岔口，而我們總愛藉此不斷逃避真相。

生命不是為了與高級美容用品廣告相比而唱的哈利路亞，也不是為要晉身富商名流而唱的哈利路亞。生命乃是叫感情、心理、靈性均全面成長的一個過程，即成為成熟均衡的人，沉醉在深感所有皆上主所賜的意識裏，知道祂陪伴著我，領我經過所有流蕩的日子，找到人生的真諦。

大衛王要先失去一切才明白生命對他的期望。以斯帖終於登上王后寶座，但又要豁出一切方能成就在世的意義。他們與千千萬萬跟他們一樣，人生一直如鐘擺的人，向我們展示了為生命所唱的哈利路亞，並不是為田園美景所獻的頌歌。反之，哈利路亞的人生經歷充滿驚異，它打開我們的心靈，叫我們接納不想要的，且至終發現生命的精髓不是別人對完美的定義。只有在尋索生命之中，在接納生命所有層次的所有向度之中，才找到生命。生命就在於意識到生命是個永遠不止息的進程。每天行進，一生不息。

終於，我們明白了，生命所在乎的，在於它的整全性（wholeness）。

合一

一九三九年的德國，萬眾一心高呼「希特勒萬歲！」（"Heil Hitler！"），他們隨著他橫掃歐洲，征服各國，蹂躪各城各鄉，打壓別國政府，一心創造超級人種，並統治全歐洲的日耳曼人政府。那時的德國，確實是團結一致追求權力——不管他們後來怎樣砌詞。

一九六〇年，美國總統甘迺迪（John F. Kennedy）被一羣反卡斯特羅（Fidel Castro）政權的顧問說服，攻打古巴這個公然奉行共產主義的美洲國家。古巴是位於加勒比海中間的小島國，貧窮、落後、軍力薄弱。華府的顧問躲在辦公室內大言炎炎，似勝券在握。對他們來說，合一（unity）等於無人挑戰的沙文主義、武力外交。但行動失敗了，美國在國際間面目無光，而原本企圖推翻卡斯特羅的豬灣事件（Bay of

Pigs)弄巧反拙，幫助他將古巴控制得更牢固。

十六世紀，當馬丁·路德(Martin Luther)質疑羅馬天主教的做法，例如販賣贖罪券、製造屬靈階級、貶抑平信徒等，天特會議(Council of Trent)的成員上下一心，要抵抗改教者(Reformers)。結果，四百年來，教會鞭撻改教者，不肯承認自己的錯謬，不肯糾正異端教訓，也不懊悔其誤導無知百姓的傲慢態度。教會淪為徹頭徹尾的政治勢力，只是披上了基督教的外衣而已。它之所以能夠得其所哉，皆因人們不肯自我批判，甘心出賣靈魂，雙手將信仰送給當時得令的權貴。

合一，有時候是很危險的。

另一方面，教會在第二次梵蒂崗會議(Second Vatican Council)卻團結一致，一起自省。囿於時空的表述，教會不再視之為永恆的真理；教會重新界定自己的使命以切合現代世界的需要。此舉等同改革那華而不實的神學，承認四百年前馬丁·路德的忠告是對的。

歐洲各國在二次大戰後同心重建德國，令這大國可以恢復尊嚴和動力，且更銳意創建民主社會，其中的老百姓既有獨立思想，同時又能並肩而行。

美國後來也有類似經歷。他們冒險不再倚靠權貴霸權來維繫合一，讓黑人與白人社羣融合在一起，改變原來貌似安寧其實已然分裂的國家。

合一似乎超乎團結、統一。諷刺的是，合一是各説各話的人決心要一起立國。合一不是叫一千人重覆同一句話，而是讓一千個腦袋各自演繹這一句話。

時至今日，假合一並不罕見。強勢的權威人物有兩個選擇。他們可以獨行獨斷，不諮詢，也不討論。這些人是拿著答案去治眾的。他們會真誠地邀請並信任那羣人的智慧，是重複早已敲定的決策。不過，如果他們准許發問，他們會在別處找問題。他們會挑戰別人，但從不挑戰自己。他們會對新的提問發出挑戰，但卻從不會挑戰昔日的答案。誠然，他們的人生不是藉問題建立生命，他們的生命乃是圍繞著答案來建立的，而這個答案藉著共同的關注、單一的目光，將大眾綁在一起。

這就是合一與劃一（uniformity）的分別。合一不靠外力控制，只靠人前赴後繼發乎內心的委身，直至聽見彼此的説話，心受感動，同被感召。

合一勉強不來；劃一則可以硬來。可是，強加的思想不能長存。背後勢力在，它們在；執法力量一滅，全羣就開始解體，肢離破碎，死氣沉沉。離開的離開，留下來的，已忘初衷：可能只是為了傳統、社交，甚或只因習慣了。

在社會遭逢大變，即如現在；當生命的根基岌岌可危，即如今天——當生與死，靈與物，身與心，科技與人的本質皆受到質疑時，人面對的試探就是以往昔僵化的制度去逃避充滿變數的未來。於是，教會控制人們思想的內容，政府禁止人們的行為，法庭定義法律，軍隊製造武器，務求一切都保持合一，雖則合一已蕩然無存。

接著，我們意會一下何謂真正的合一，明白如何辨認它，好讓當它復活之際，我們能夠在心靈的山巔高唱哈利路亞。

那從歧異孕育而得，能將人扣在一起的合一，有四個特徵：它釋放、加力、支持及聆聽。

真正合一的團體，成員都被釋放，能夠活出真我。其實，真正合一的團體知道在形成意念的過程中，每個人的意見、聲音都是重要的。不收集意見，就不可能取得共識；這團體就會淪為應聲蟲，在烈日當空下馬上死亡。於是，我們聽到：「我根本就不贊成這個意見。」然後我們才恍然大悟，明白到即使這團體最風光的時候，它裏面還是空洞的。

為著提問的自由，為者能表達異見而不怕秋後算帳，我們要唱哈利路亞。

追求合一，即是幫助人消除恐懼，暢所欲言；這是一切討論的基石。必須把意見找出來，必須把答案講出來，疑惑亦必須給確認出來。在多元的合一變為可能之前，小心謹慎是必須受到尊重的。這樣，合一出現時，同唱哈利路亞吧，因為這時候，真的是全民全心投入、各展所長之日。

人要明白何謂合一，就必須明白到一件事，那就是講述與眾不同的真理時，人所得到的支持，與附和大眾意見者所得到的，應該沒兩樣。我只能夠把自己付託給一個不但容忍我的不同，且欣然鼓勵我把它表達出來的團體。這樣，當意見從紛紜論説的爐火中產生出來，毫無疑問，它所蘊含的是眾人的熱誠。

最後，有聆聽才有合一，合一靠它開始，也靠它維持。沒有任何決定是一成永成的。沒有合一會是長久的，如果它的核心變幻不定。沒有任何好事可以保證一直美好到永遠。我們太容易把曾享合一的時間、地方、決定、團體偶像化，可其實今天用新時代新眼光去看，合一已不再。

那是重新開始的時候。這合一必須經過考驗與重整。這是一個十分神聖的過程：合一的重尋。那是一個唱哈利路亞的時刻，一個為著永恆而設，卻由時間接合再接合而成的時刻。

我們以懷舊的情懷回望教會的合一，但其實那不如我們所幻想般美好，它亦不曾在時空中堅實地出現過。國家的合一最清楚之時，莫過於開國元老擺平四方八面的意見，達成共同的理想，並尊重每一個人的存在之時。

當保羅質疑彼得的行為，而彼得承認在猶太人與外邦人聚居的羣體中那合一的真理時，就真的有了合一。合一是第一次耶路撒冷會議的標記，也是美國第一次立憲大會（Constitutional Convention）的標誌。當時，沒有議題不可談，沒有關注被埋沒。

從每一次相反意見的張力所產生出來的合一，打造了一個有柔韌力的教會和國家，能走到今時今日。為此，哈利路亞！

他者

我們起程往俄羅斯之前接二連三收到的政治炒作材料，像洪水氾濫，使我們的行程變得真的機關重重。俄羅斯——仍然是「蘇聯」吧——潛台詞的意思是，這地方叫人害怕，也真是可怕。還有，如果我們對這種解釋寄以善意，那是自甘冒險。大家都在警告我們，都想救我們，都叫我們作最壞的打算。可惟一問題是我們夠聰明去聽從嗎？四面八方傳來的信息都要叫我們害怕。

首先，我們多年來——其實在每次彌撒之後——都在替「俄羅斯悔改歸主」祈禱。教會的措詞，意思一清二楚：這國家意圖吞掉我們所有人，使我們成為無神論者。

其次，若教會傳達的潛信息還不夠差，政府傳達的可惡劣得多了。

我以前也出過門，但不會這樣。為了確保我們能處處小心提防，國務院幾乎每週發簡報給我們；每包預備物資裏都有大使館的旅遊警示；政府發言人排山倒海的親身經歷，可說五花八門，被竊聽、跟蹤、誣告。無論如何，不可離隊。無論如何，切勿與任何團體私下會面。無論如何，切勿經地下錢莊兌錢，雖然這在莫斯科街頭到處可見。我們如果有麻煩，不管是甚麼麻煩，政府都無能為力。

這個信息是，俄羅斯不是旅遊的地方，而是有如媒體中風雲譎異的間諜世界。你一進去，就成為甕中鱉。陌生、嚴厲、臭名昭彰的國家安全委員會（KGB；編按：前蘇聯的情報機關），從不把人命放在心上，何況是我們的。發生任何事都不需理由。可別提核彈。別提俄羅斯曾受外國入侵九次之多，而每次都是與西方列強簽署和平條約後才發生的。甚麼都別說，只要記住這民族是邪惡、無神、粗暴，並會伺機把我們生吞活剝的。

我們帶著敞開的心扉去俄羅斯，但處處提心吊膽。可我甚麼都沒碰見，沒有一人或一事可以與我幻想的惡人惡事相比。

東道主把客廳掛牆的銅刻繪畫送給了我，只因為我禮貌地說過一句讚美的話。

在火車站，一個當地人見我們不辨方向而他又無法以英語講清楚，乾脆陪著我們坐車橫越莫斯科，把我們送到所要到的車站，再坐回頭車回家。

在拖拉機廠工作，戴頭巾、穿棉罩衣的婦女們圍在我旁邊，流著淚說：「要和平，拜託。要和平，拜託。拜託告訴美國人民，我們要和平，拜託。」

在教堂裏，俄羅斯正教會的會眾聚精會神地聽司祭介紹我們這羣美國來的和平使者。我發表了簡短的和平信息，羣眾熱烈鼓掌，他們拉著我的手，把手舉起來，領我走下聖壇。

農村的人用原木鑿成的長桌子款待我們，上面放滿了農家菜，我們旁邊有樂手載歌載舞。

每一天，每一處，樸實的「蘇聯人」叫我們看見完全相反的圖畫——沒有野蠻、邪惡、失控、叫我們覺得可怕的人。

俄羅斯人就是這樣。這些就是「他者」。這些人跟我們一樣，一模一樣。

我平生首次明白哲學上的「他者」觀念——「他者」是異端，「他者」令我們以為自己在世界中是如此獨特，特別善良、正義、慷慨、仁慈、人道。

當我們能夠矮化他人為惡毒、下賤、野蠻，我們就有理由開戰，有權歧視，有權定型，也可以把不認識的他者掛在柱上燒死。考納姬（Mary Lou Kownacki）說過：「只要聽過別人的故事，還有誰會是我們不會愛的？」

我們已經決定了，俄羅斯不再是我們的敵人。我們把導彈拆下了，把宣傳品撕掉了，另覓其他「他者」。今天，可能的目標多了，可以撐得更久的敵人也多了，可以令自己撈到政治本錢的對手也多了。今天，「他者」是男、女、同志、阿拉伯人、自由派、保守派。

我們找到與自己不同的人，稱他們為「壞人」，而不是單單以他們為「不同」。

但「他者」是很大很大的哈利路亞恩賜，能救我們脫離自己，超越自己，成為最好的自己。

向「他者」開放能夠叫我們看見世界有多大。世界不只是我們。世界是一個充滿無數差異的音樂會。人人都有他的聲部，不是全都做巨星。我們都是小角色，名叫人類。

當我們向「他者」開放，就是向學習開放。我們知道處事方法可以有別，也明白別人與自己不一樣。我們發現，做任何事情都不只得一個方法，沒有絕對完美的方法，也鮮有絕對糟透的方法。只是「各」師「各」法，都同樣行得通，同樣聰明，同樣好，就是不同而已。

真誠接受「他者」，最終可能是我們真正明白人類的惟一方法。黑與黃、紅與棕；在旁邊，有一小點的白，正在各處漸漸與各種融合一起，成為另一種色彩。

「他者」叫人走出自己的小天地。這是上佳的理由去唱哈利路亞。

當耶利米看見上主同時與巴比倫和耶路撒冷同在的異象時，明白到他要放棄一切固有的對於以色列、上主和世界的觀念。前此，他是十足的耶路撒冷人，深信耶和華只會照耀著耶路撒冷和猶太人。但現在他親睹上主庇蔭巴比倫——今日的伊拉克——他終於體悟到一位更偉大的上主、一羣更寬廣的子民、一個比他所想像的更神聖的世界。

上主也是「他者」的上主，可我們太少這樣去認識祂，結果我們仿似靈性上的孤兒，以為向上主說話其實只是自說自話——儘管已大聲疾呼。

「他者」是誰？就是非按我們的形象樣式造的人，非我族類者，屬不同種族，來自不同信仰傳統、擁不同國籍、說不同語言者，也就是使我們露出原形的人。

「他者」乃是教曉我們知道天外有天的人，而我們只是世人的一分子，期待「那他者」(Other)的來臨，改變我們，令我們比開始時更加長進。哈利路亞。

往昔

大威（Travis）這孩子長得又高又帥，他的家有五兄弟姊妹，分別有三個爸一個媽。媽媽還有數個同居男友。媽媽工作很勤奮，只因服食鋰劑（編按：一種躁鬱病藥），經常半夢半醒。姊姊很早嫁人，已搬到其他城市居住；男的都四處漂流。大威八歲起開始做散工，掙錢給自己買衣服，不然就不會有穿的。小時候，他愛畫房子，嚷著長大了要當建築師。結果他加入海軍陸戰隊，接受了非藉此途徑不可能接受到的教育。他是不會回到這社區來的了。他是用夢想築成的社區的代表。

我所住的一區不算……就說不算富貴吧！簡樸、古老、保存得頗好，以這樣的地區算不錯了。但它不時髦——即是說，我的朋友沒有一個會想搬進來。

這可不是說這社區了無特色。不是，是比這更糟。我的小區沒有斯文講究的人。在這附近一帶的人，都不是溫柔或纖細或優雅的。在我住所附近的，都是刻苦生活的人，他們打兩份工或者完全不工作。他們胼手胝足，僅足餬口，付出的多，所得的少。他們睡覺的時候，沒辦法錢生錢，因為他們沒有多餘錢可動用。他們所有的，都花在食物、房租和尿布上。

其實一直都是這樣，搬來的人都只會待到有能力搬走為止。先是德國人，來了走了，然後是波蘭人、黑人、拉美裔、俄羅斯人。現在亞洲人在等著，他們來自五湖四海。他們都不是坐「五月花號」(Mayflower)來的，他們亦無意發揚本鄉的一切。反而，他們一生都在想著如何把它忘掉。

在這社區裏，愛讀書的總會離開，從市中心逐漸走遠。至於從來不重念書的則只會沉到底部，只寄望孩子們將來會有更好的日子。

我的社區是人們想「當年」時會記起的其中一處地方。但大部分人都絕口不提。相反，他們會努力轉工，直到可以搬到市郊去，然後終身努力把自己的出身忘掉。

這就是往昔(past)的奇怪之處。這就是往昔有趣之處。因往昔從來都沒有成為過去。我們每天生活的每分每秒都和它相伴。哲學家貝格森（Henri Bergson）説得好：「現在是全部由過去組成，果中所有，早已存於因內。」我們每天都在活出昨天。無論跑到哪去，我們都是原生地所出。我們費勁去洗刷、重整、製飾，試圖忘掉自己對自己最深的認識，忘掉自己的真相。

我們看今天、想明天的方法，全都被昨天影響。昨天的一切，定義了今天的我們。

往昔從未真正離開過我們。我們都有背景：酗酒的家庭、亂倫、赤貧等等。正因如此，能為往昔唱哈利路亞是極為重要的，這對心理健康、屬靈生命都有好處。

其實，我們縱然可以改變居住的地方，也改變不了自己是怎樣成長的。對某些人來説，大威的成長不管多難、多「不自然」，還是造就了他。那些自然而然享受幸福婚姻與家庭，得著家人栽培及保護的人，對於小孩子太早自立當然不以為然。但大威的背景使他培養出一些優良素質，把他鍛煉成能夠獨立自主的人。他的確較同齡的人堅強，能自力更新。他以往能夠面對孤單，因而知道他現在永不會被孤單擊倒。

我們裏頭都有一個大威——昔日所學的仍然影響今天的他。不管所學的是甚麼，都叫我們今天夠強壯、明天有力量，以面對未知的未來。不管經歷過甚麼，都增加了我們的耐力。不管我們想望過甚麼，都教我們懂得追求目標。不管我們曾經有何欠缺，都教我們往後能夠在不足時懂得自處；這是面對困苦日子的重要素質。

往昔確實貯藏了大量隨時可供參考應用的生命模式。

我記得從前在房子的另一端有一位患糖尿病的女士，她每天只能躺在牀上，雙腿都給截去了，但她仍能微笑著為家人編織毯子。她永在我心底，我永不會忘記她；她提醒我，苦到極處，仍然可以不變作怨毒的人。

我也記得街尾的失聰青年。他教我手語，因為沒有人跟他交談。我還把他的手語字母卡夾在聖經裏，提醒自己，要不是自己先踏出一步，是沒有人會走進你的生活的。

我也記得小巷裏坐在小椅子上的老頭兒。他脾氣很壞，小孩子圍著他團團轉，他就罵髒話，小孩子也跟他學會了怎樣回敬他。

這些往事的絲絲記憶，至今仍伴隨著我，向我微笑，打手勢，警告我，人有可能在這狹窄而不友善的世界裏孤立自己，要是我一意孤行，只想獨居世人，也會把別人拉進這樣的境地去。

其實，往昔乃是一座記憶倉庫，曾塑造我、模塑我、裝備我走出成長的世界，踏進新天地。

但往昔不只是昨天的寶庫，它滿載著愛的真諦所帶給我們的傷痛、失落、掙扎與渴望。往昔叫我們知道內心滿懷多少可能。往昔像烙印，刻在我們的肉身上，使我們毋忘自己曾經倖存、曾被擊敗、曾作過的事，因此可以捲土重來。

最能證明我們有力面對破壞與絕望的，就是記得自己曾經與生命搏鬥——並且得勝了。就是這一切，叫童年被父親侵犯的年輕女子能堅持下去，因她明白到不管創傷多大，她到底倖存下來，這樣的覺識成為她得著醫治的一步。這一切，也叫戴著厚鏡片眼鏡的小孩能忍受同學的嘲笑，後來成為替全級畢業致詞的代表，因為他知道自己不必受別人的情緒操控。這一切，也養活了那由寡婦養大的年輕寡婦，叫她知道自己同樣能夠做得到，而她的孩子斷不會受破碎家庭的陰魂所傷，因為她自己就是一例。

何苦要記著往昔呢？因為只有靠著它，才能證明今天是可能的。「許多人只顧想當年」，賓漢姆（Caleb Bingham）說：「這是挺自然的，老人當然要歌頌自己的青春歲月；衰弱的人要懷緬強壯之日；病困的人，要想念活潑之時；失望的人，要回顧盼望的泉源。」

說到底，往昔，是為著本為未知而現已盡現的恩典說：

哈利路亞。「從前你們的意思是要害我」，約瑟對妒忌父親偏心而把他賣到埃及做奴隸的哥哥們說：「但上帝的意思原是好的，要保全許多人的性命，成就今日的光景。現在你們不要害怕，我必養活你們和你們的婦人孩子。」(編按：創五十20～21)

人生每一刻都是為往昔唱哈利路亞的時刻。這樣的體會，乃是人生一大恩典。

和 平

那幾幕情景至今仍歷歷在目，好像是昨天的事。每逢我嘗試解釋，何謂談論和平、為和平感恩、達至和平之時，腦海中浮現的三個畫面總教我心煩意亂。

第一個畫面是美軍向肯特州立大學（Kent State University）校園推進，後來向學生羣眾開槍的情景。學生反對越戰時期的徵兵制度，嘈吵得很，但很和平。

第二個畫面是另外一批學生，他們在北京的中心地帶天安門廣場緊靠在一起，互相支持，又高歌，又叫口號，拒絕撤走，懇求政府進行社會和經濟改革，毫不退讓。日復日，成千上萬的羣眾聚集在權力中心的所在地，公然反抗命令，看政府敢不敢以「維持治安」之名，屠殺大批手無寸鐵的年輕人和知識分子。

第三個留在我腦海裏的畫面，是對一個孤身的中國青年的記憶，他從天安門示威人羣中走出來，隻身擋住奉命清場、行駛中的坦克。他低頭，腰板挺直，雙腳釘死在馬路上。一個赤手空拳男子把坦克擋住。突然間，那坦克停下了。

三個畫面都是令人心寒的，世界各地的人都看見了。在每一個國家都有人受迫害；每一個國家都得面對手無寸鐵，無權無勢的羣眾。

三個不同文化和背景的場景，喚起了千般疑問。但歸根究底，問題都屬同一個主題：

面對和平抗爭，當權者擁有的到底是甚麼權力？

在美國，肯特州立大學的槍擊事件震動全國。國民的態度立時轉變，支持越戰的力度迅速減弱。不再願意把大好青年白白送到戰爭機器的血盆大口去。

在中國，老百姓開始瞥見自己也有不能被征服的力量，能夠面對權力——如果真要展示的話。當然，手無寸鐵一頭栽進衝突是自尋死路。但另一方面，要是人人都拿著武器，更多的武器也保不住誰的性命。

再沒有比瘦小子隻身擋坦克的畫面更能展示人心靈的力量了。全世界的權勢都不能夠把他推開，不能摧毀他心靈的力量，搖動他的意志。也沒有任何權勢可以叫坦克駕駛員奉公共秩序之名，光天化日作出暴行。

「和平所取得的勝利」，彌爾頓（John Milton）說：「斷不比戰爭遜色。」換句話說，世上所有的武器，到頭來也是無有。

和平是一股極大的力量。

古時的人愛講這個故事。有一個軍閥，兇殘成性，人人都談虎色變，怕他施加酷刑，嗜殺成性。村民在他抵達之前，一定全部跑光。

他來到最後一條村落，看見仍有炊煙爐火，飯桌也預備妥當，這就跟平常村民聽到他要來時一樣。軍閥得意地對侍從說：「看來，人們全走光了。」侍從沉吟一下，說：「大人，還沒有，那老修士不肯走。」

軍閥憤怒地咆哮大叫：「馬上抓來！」

老修士給帶到司令面前，將軍叫得更大聲，要所有人都聽到他的話：「你知道我是誰嗎？我是能夠眼也不眨一下，就一刀把你刺透的人！」

老修士冷靜地抬頭看著軍閥，回答說：「那你又是否知道我是誰？我就是能夠眼也不眨一下，讓你一刀把我刺透的人！」

矢志追求和平、安於和平、享受和平的人，靜水流深。在這深處，沒有野心與驕傲的污染，不攬權，也不搞個人崇拜。

野心在和平面前枯萎凋謝。和平的人深諳自足之恩。不求名譽地位，因他或她的價值不在這裏，所以沒有甚麼可以做成威脅。內心的寧靜與滿足，是不可能被任何外在的東西取代的。因此，沒有理由要往外面去抓。

驕傲也是一樣，它將人比下去，為要得更多關注，在人羣中更多人注目自己，不斷提醒別人自己多優越。但面對著和平，這些都要消散。我所求的，只是一片讓我安分守己的小天地而已。

當人安於和平的時候，裏面再也沒有權力慾，這一切都化成灰燼。我們以自己為足夠。毋需貶抑他人，毋需確保在場沒有人比自己重要。

戰爭，私人的和大眾的，已沒有必要。沒有必要冒著失去和平或者導致他人死亡的危險，去爭取沒有價值的東西。

因此，為著和平的來臨，為著野心已死，驕傲已逝，以致我們能以自己之所是與自己之所有為滿足，我們要高呼哈利路亞。

和平如何可以來到？十分簡單。接受自己的所是和所有，並心滿意足。確認並尊重別人的所是與所有。尋著自己裏面的「無價的珍珠」，自己人生的至寶：感到那位愛我們的上主，時刻相伴，與我們一起面對各種生活壓力。賀伯（Reginald Heber）寫道：「節慾不縱情，心情得安寧。」

那時，我們發現自己已經改變了，變得平和。我們終於看清楚，我們所需的，全都有了。我們開始看見自己一生的召命，就是散播自己已經享有的和平。

然後，我們全心投入最高水平的人性表現去，不單行善不輟，更於人無傷。我們看穿了，行善可以是政治手段。大選期間許多行善的承諾，只是賄賂大眾的技倆。反之，於人無傷要求我們小心翼翼，誠摯關懷，明白別人增光不等於與我爭光。然後我自己的生命也因此更加明亮。

當雅各將所有財富、家人、牲畜，以至自己，完全交給他曾得罪的兄長以掃發落，和平就來了。然而當時以掃也改變了，不再驕傲，不再野心勃勃，不再貪婪，抓權，不再需要這一切，甚麼都不需要。哈利路亞。

痛 苦

這故事頗為動聽，也略帶傷感，迫使我們內心面對兩種痛苦。

頭一種是從不受我們控制的環境而來的痛苦，例如房子燒燬了、公司搬遷令我丟了工作、畢生積蓄變成了醫藥費。不管是哪一類創痛，身處其中，我們都一籌莫展，只有默默忍受，捱過去，活下去。但我們至少不會自責。

在這種痛苦中，我們終於失去了一直知道有可能失去、但從未認真想過真的會失去的。那房子我一直安居其中。那公司一直穩如泰山。我自己也從不亂花錢。

這種痛苦也許改變了我們的生活，但沒把我們活生生吃掉，令我們怒火填膺，滿心歉疚。

第二種痛苦可說是咎由自取，經年累月積回來的。這一類痛苦可以把人從裏面撕碎。

這一個故事夾雜了這兩種痛苦。

按報紙報道，利文（Ishaq Levin）和西面托夫（Zebulon Simentov）是阿富汗最後兩個猶太人。報紙指當地猶太人人口曾高達四萬，「當伊朗強逼他們改教，波斯猶太人就開始逃亡」。數目逐年遞減。直至一九四八年，以色列立國，大多數剩下的猶太人都移居到那裏去，其餘的則在一九七九年蘇聯入侵之後離開。

終於，留下來面對塔利班暴政的只剩他們兩人，他們各佔會堂一端，老死不相往來。兩人互相指責，甚麼都怪對方：塔利班之所以這樣對待他倆，甚至最後要將律法書妥拉交給當局，都是對方的錯。

兩人那時可真夠悽涼，面對外憂內患，在如此制度下非但沒有共度時艱，反而互不信任。

終於，在美國出兵阿富汗之前幾個月，利文擔心自己不久於人世，於是「哀求西面托夫不要再與自己為敵」，他說若繼續懷著怨恨，他擔心死後沒有人會依猶太教傳統替他殮葬。

利文在二〇〇五年一月去世，終年八十歲。四十五歲的西面托夫成為阿富汗惟一的猶太人。沒有人承繼他的傳統，也沒有人他可以交付。

結果，西面托夫在以色列的家人，把利文死亡的消息告訴利文在以色列的家人。諷刺的是，人們為利文在耶路撒冷的橄欖山舉行國葬，這是猶太人最高的榮譽。

好可悲。有兩點。生活得可悲。死得可悲——無人認識、無人愛惜。

無論如何，這故事呼喊我們其餘的人停下來，想一想如何面對自己一手造成的痛苦，並且在痛苦中找出有何原因值得我們高唱哈利路亞。

明顯的是，痛苦叫我們悔改歸正，改變態度，用溫柔的心彼此相待，開懷擁抱百態人生。愛爾蘭伊瓦雷克半島（Iveragh Peninsula）達利拿尼公館（Derrynane House）的花園裏有一棵老樹，從前稱霸樹林，現在給連根拔起，陰沉、乾枯，橫臥在空地的地洞上，只剩下枯萎的枝條。但奇怪的是，在這棵龐然巨樹的頂部竟然新長了大團青苔，又有石松在上扎根。可以說，這老樹又活過來了，只是以意料之外的形式而已。從一種樹變成另一種樹的過程，可以借喻為心靈的改變，在某方面死去，卻在另一方面活過來，縱現已截然不同，卻同樣壯健美麗。

痛苦所帶來的祝福，也非單賜給受苦者自身的。痛苦叫我們能夠體諒別人。這是憐愛的發源地。有誰可以受苦而感受不到別人的痛苦？當我們因痛苦被隔絕於世人的喜樂，成為少數人之一，我們就能夠說出憂傷的人的言語，叫人得到安慰。

告訴別人「我替你難過」很容易，如愛爾蘭人所說的。但只有當自己也曾經痛苦，這句話才有說服力。

詩人十分明白這處境：「至於我，我凡事平順，便說：我永不動搖。」(詩三十6)除非我們經歷風雨，否則往往流於膚淺。痛苦使我們與別人結連在一起。

但受苦不是一恆定不變的狀態。相反地，它驅使人思考人生，尋找另外的人生意義，明白人生有不同階段，每個階段都有所不同，每個都包含著新考驗——或者新陷阱——當我們克服當中一個又一個難題之時。

人在受苦的時候會對人生提出新的提問，反省自己一直以來的所作所為，說：「值得麼？」人生苦短，值得嗎？要這樣拼搏麼？現在做了這個反而不能做那個，值得麼？

這些問題幫助我們集中焦點，追求比地位、房產、交際更重要的事，重視自己能否一路成長與增長智慧。

利文的故事給我們看到，痛苦教導我們「放下過去」。活在阿富汗塔利班暴政下是一回事，自己壓迫自己，使自己成為塔利班又是另外一回事。心中的怨毒使我們心靈窒息，對別人的厭惡令我們築起隔膜的籬笆，無謂的競爭，已經記不起何處而來或為何而有的舊傷口，在死亡面前，一切一切都黯然無光。看來太無聊，太俗氣，太多餘，太尷尬，我們果真要把人生耗費其上？

當人受苦到一個不計較生命中的傷口是否癒合，只求不再受它纏累的地步，他才真正開始學習生活。還有比這個更值得高歌哈利路亞的麼？

列王紀下七章勾劃了一個自設籠牢的範例，表現了人自製的痛苦如何將人困於其中。亞蘭大軍包圍撒馬利亞城，四個長大痲瘋的人坐在城門口。情景十分淒涼悲慘，全城饑荒，死氣沉沉。貴冑以驢頭充飢，窮人吃掉親生骨肉。慘絕人寰，而長大痲瘋的人也知真相。

「走到敵軍的營幕去，若不被接納」，他們商量說：「只有死路一條，但在這裏坐著不動，結果也是一樣。」

於是，他們摸黑離開城門口，走向對他們來說完全陌生的軍營和民族、新的地方和處境。但聖經說，當他們來到亞蘭軍營時，亞蘭軍隊以為自己被敵人雇來的大軍追殺，落荒而逃，留下了財物和食物。長大痲瘋的人驀然發現，死亡的幽靈走了，在饑荒的世界中竟仍可享豐盛的筵席。他們已經得著自由、釋放，可以展開全新的人生了。

為著令我們長大一點、成熟一點的痛苦，哈利路亞！

危機

在科羅拉多，一個年輕的攀山好手正在大展身手，做他愛好的事。他真的很年輕，但已經是著名的野外求生專家。在這一天，這個平生未遇過大難，從未在野外出事的青年人，在攀岩的時候滑了腳，整個人落在兩塊巨石之間。有一隻手沒給夾住，另外一隻則被逾噸重的巨石壓住了，動彈不得。過了三天，救援隊仍未找到他的蹤影。時間漸漸從朋友變成敵人，與他所處的巨石峽谷同樣危險。

絕望不停在他的腦海裏蠶食著他。如果不能脫身，救援人員未到，他也會渴死餓死，永不超生。他必須當機立斷。

他選擇了惟一的脫身方法。他拿石頭打斷腕骨，再拿小刀割斷給壓住的手，拖著疲乏的身軀，缺水缺糧，大量失血，沿幾天前走過的路走回起點。

好多個月以後，裝了義肢的他，背著特製攀山工具，重返原地，再爬一次。單手。

這個故事最引人入勝之處，不是他逞英雄，故地重遊，誓不服輸，而是他回到幾乎送命之處，為著能夠活下來而歡喜。

我看這齣攀山影片，看得目瞪口呆、五體投地。他能人所不能，值得欽佩。

乍看之下，這是個不平凡的故事。然後我發現這角度不對。危機人人有。當然，他這一趟別具戲劇性。其實也不盡然。誰未曾在人生路上的某處被夾住？跟這年輕攀山者一樣，所有人都曾割捨甚麼以求脱身。

説到底，攸關重要的不是失足滑下。失足之後，自己將如何取捨才是最困難的。危機總要求我們付出代價。這是它的本質。

平常的日子突如其來的變化，造成了危機，汽車衝出馬路，四輪朝天，把我們困在熟悉的地方，把我們從可預測的、恆常的、意料之內的人生割絕了。危機就是人生如日中天，忽然落在漆黑一片當中。沒人知道我們跌倒，踉踉蹌蹌。沒有援手。在我們自己與崩潰之間，一無所有，只得自己。

危機有時候以經濟損失的方式出現——投資失誤、預計以外的支出——生活方式變了，安全感沒有了。有時候，它以名譽受損的方式來到——報稅時略施小計、關係上不慎越軌——叫人面目無光。有時候，危機以婚姻觸礁，或者以遭解雇的方式來到，一切都是始料不及的，使我們變為無家、無親、無業。

我們接著落在不容你討價還價的野外，面對著無情的死亡，急於要逃出生天。人生幻變，一無所有。

上主現時身在何方？上主在這裏的甚麼地方？有誰落在這田地，還可以有理由唱出哈利路亞的？

但正在危機之中，所藏著的偉大的哈利路亞時刻，是有別於在黑暗與痛苦之時所發現的。

黑暗是混亂之時，求的是看見、方向。

受苦是忍耐之時，求的是耐力，以面對不能改變的事情。

但危機，標示了人生的爆發點，那是平常與巨變相連接之處，是超乎預期之人生劇變之所在。

所以，危機是人自己最深深處的考驗，它估量著我們內心的底蘊，是否真箇滿有生命。它要把那始終不願死去的我揪出來，不管我們多想那個我真的可以死去。那的確是有益心靈的時刻——面對死亡之際，選擇活下來。

危機無關釐清當下的真相，也無關忍受當下的困苦，而攸關當機立斷，採取行動，怎樣應付路上的急彎。

當我們明白人生殊不簡單，多姿多彩，那就是面對危機時歡唱哈利路亞的時刻了。危機揭露了我們不了解自己的部分，同樣揭露了我們自己必須割捨的部分。拋棄了這一些，我們所過的，將是自己一直以為不可能的人生。

我們經歷危機之後，能夠明白幸福人生不是只得一個模樣。其實，只有回到受造之原意，活出真我，我就會得到幸福。有時候，我們真的要到了山窮水盡，才能夠告別那段關係、那份工作、那個角色，從頭開始，不再一樣。「危機鍛煉人生。」美國作家查默斯（Allan K. Chalmers）寫道：「危機叫人露出原形。」

危機衝擊著我們，考驗我們那些從未被考驗過的部分——毋需做別人所期望的事，毋需做人人預料之內的事：情場得意，工作穩定，置業安居——激發內在的巨大資源。但危機也改變我們整個人生。習慣得像天性般的事物要放下，要從心中把它切除，並對此不再抱期望。那是新生的時刻。

當然，有人被危機打敗；也有人面不改容，再闖江湖，更加海闊天空，可比以前更加自我；也有人先被打倒，其後痛定思痛，決定邁向新生，比從前更加自由。魏斯科主教（Bishop Westcott）說：「我們生活如常，日復一日，長得是強是弱，並不知曉，直到面對危機始真相大白。」

大衛勇敢面對歌利亞，結果自己裏面就有了歌利亞。為著有同樣的機會，讓我們高歌哈利路亞！

出埃及記

如果創世記叫我們認識那位與我們有關的上主是怎樣的，出埃及記就是以具體的歷史時空闡述其中的意義。在其中，上主的百姓成為別具特色的一羣，不僅是一個種族，乃是一個羣體。這特色是從人際關係的平衡與公平而來的。出埃及記是奴隸得自由的故事，也是人得到自由之後如何自處的故事。書中其中一個要點，正如很早已有解經家指出的，就是人得到了自由，卻竟然是接受得相當勉強的。按出埃及記所記，摩西除了要力抗法老，同時也要不斷與以色列民角力。他初出道時，人人投以懷疑眼光。當埃及人安全受威脅，對以色列人倍加嚴厲，他們又歸咎摩西。及至真的離開了埃及，他們又緬懷之前的安舒。他們不想信靠那位把他們從慣常生活中硬生生拉出來的上主，祂又嚇人又看不見，他們寧願造個偶像代替祂。

常言說，受壓者的心態是壓迫者最有力的工具。只要令一個人相信乖乖就範是正常的，對大家都有好處，你就可以高枕無憂了。自古以來，作奴隸的和作主人的，都以為奴隸和主人的關係對人類而言是理所當然的。有一批人天生就要負責決定另一批人的思想、說話和行為，甚至指定那些人要怎樣思想和論說自己。要打破這種牢固的觀念，非有清晰的理念不可，認定世上沒有人有權決定他人可以怎樣，以及決定他人該思想甚麼——即如我們於本書〈創世記〉那章所示——惟有上主可以如此。

且慢。這講法只把問題升格而已。其他人不能界定別人的身分，只有上主才能，這豈非換湯不換藥？從人間的奴役釋放出來，結果仍是被奴役，那算甚麼好消息？廣義來說，這正是今天西方社會對猶太人及基督徒所說的故事的闡釋。順從上主等同受祂掯制，惟有把祂扳倒，人才可享真正的自由與解放。

這也有些道理——可我們得先忘掉創世記所說的上主是甚麼模樣的。上主沒有私見私益，而是生命之本。祂從燃燒著的荊棘向摩西顯現，說：「我是自存的」(編按：《和合本》譯作「我是自有永有的」)，出埃及的故事才告展開。

祂不需與人談判，也毋需自辯、爭論、操控。故此，當我們說惟有靠著祂，我們才能活出真我，我們並不是要將暴君般「為所欲為」的稱號套在祂身上。反而是說：「你想暢泳的話，就得開始熟水性。」水是你活動的環境。那份創造與維持我們生命的愛，自然會造就我們，令我們展盡所能。人若不順應屬天的水性，便不能學懂於其間暢泳，亦會不斷對抗那一直保守著我們的生命與存活之本。真正的罪是熬人的，人要很費勁才能違反本性（如前所述，奧古斯丁說得好，大多數的罪都是帶著一股悽慘、挫敗的味道的）。

真自由則好像泳者如魚得水，舞者隨著節拍搖曳——那是一種順應自然韻律、激發力量與喜樂的自由。當上主使百姓得自由，並非叫人進入迷迷糊糊、飽足私慾的樂土，乃是叫人得著和應實在（reality）的力量。耶穌在約翰福音說真理使人得自由，因為真理剝掉人對自己、對世界的所有幻想，不再瞎眼，不再看不到自己能做甚麼、不能做甚麼（前文論罪時曾說過，罪是掩眼法，像妄想症患者一樣，以為可以令世界以另一套規律來運作）。由此看來，出埃及記的結構是合理的。偉大的自由與解放之後，隨之而來的是一段艱苦的日子；得享自由的奴隸要適應新氣候、新環境。除此以外，他們也要面對新的責任：他們能夠也必須活出新的身分，也要彼此負責。

「有自由就有責任。」這是頒下律法的含義。可我們不愛聽這話，認為那是挺掃興的，因自由好像一定要受到規範。但出埃及記中的律法，不是為著預防以色列人出亂子而制訂的緊急法令，而是為了叫他們得自由。他們終於可以成為合乎上主本意的人，可以盡顯創意。他們可以營造新生活的模式，在共享自由的條件下，毋需任何強制措施，可互相模塑生命。出埃及記寫下了一個獨特的成長故事。起初，剛享自由的奴隸像汽車後排座位的小孩，令人抓狂地說：「快到目的地嗎？」「有沒有好東西吃呀？」「為甚麼不可以馬上回家？」上主待他們如待磨之璞玉，期望他們終有一天能長大成人，可以彼此相顧。祂賜下律法，目的就是叫他們可以無憂無慮地互相信賴，在安全的環境下開枝散葉。

在猶太經卷中，正義（justice）一詞，比今日一般所定義的精彩有趣得多。我們一般將它約化至「人人得著該得的」所謂「公平」（fairness）。但按聖經處境觀之，它指的是一種健康的社會風氣，是一種以信任為本，令信任天天增加的共同生活。按聖經用語，「行義」不止於予人權利，而是以可見的方法，以生活和行動流露上主對人的愛眷，以及上主對人福祉之關顧。律法是一種聖禮，活現出上主是誰以及祂是怎樣的一位上主。正因如此，在猶太人的聖經中，尤其是詩篇，常鼓勵人為律法感恩——非因我們得到警告，知悉違背律法後果嚴重（這當然不容輕忽），乃因我們憑著它可以過最有意義的人生：我們的抉擇、行事、關係，俱能為上主作見證。

出埃及記對人懷有遠景，那就是人開始看到，與上主相伴，成為自由的人，是同時能夠叫別人得著自由，一同參與具創意的事奉的。與其活在爭逐利益中難享安寧，人明白到，對所有人而言，最真實、最激發生命的人生，是各人的喜樂、責任，以及各人與人與神的關係，都能相互地加強、彼此豐富的人生。十誡不是這幅圖畫的註腳而已，它是一幅整全的圖畫，繪出自由的真象。故此，十誡開宗明義便要求人要好好面對自己與上主的關係。萬不可容許別的甚麼介入在你與永活的上主之間；也不可用你覺得自在或者易於掌控的形象代替祂；千萬別利用祂，以為祂給了你甚麼咒語，令你可以操控世界。每週都要花時間與上主一起，脱離工作壓力，不圖解難脱困，就單單不為甚麼。然後，十誡要我們重返人羣，與人好好共處。我們當怎樣對待父母？讓感戴之心展示出來。面對同是追求自由解放的人，我們該給他們甚麼？斷不可認為有人是可有可無的。要信守承諾，也尊重別人相互間的承諾。毋忘你所追求的安定，是人人都想要的，千萬不可侵犯別人。對自己或別人誠實。也別幻想別人所享的快樂安舒，正正是你所需有的，甚至要將之據為己有。

出埃及記聲稱，成熟的人類社會，就是這個模樣。責任的意義就在此：深深關注著上主徹底的他者性（otherness），不容稍忘；同樣深深關注人的共求共需，看出各人需要互相尊重，並讓人以多元的方式發現這一切。在某一意義上，人都是追求同樣的東西，因此能救我們脱離競爭的焦慮的，乃是相互交織、彼此服事的建設性生活模式。

在過去的幾百年間，我們把自由這意念改得面目全非。我們以為自由即是我有權無休止地累積財產，有權享有無限的歡愉及滿足，有權單從個人喜好作出任何選擇：買甚麼車，選甚麼醫護方案，有多少個性伴侶。在這種文化氛圍中，出埃及記是一記當頭棒喝。它説明了，有些關於人的東西，是沒有討價還價餘地的，只因人要直接與上主往還，而這關係是獨立於其他關係的；也因著人的生命（再一次，像於水中暢泳般），是由一個大能的、隱約的、無盡的元素托住，這元素決定了人能做的事和可以成為怎樣的人——這不是要施加限制，乃是本然的實況罷了。每逢我們發現這個或那個計劃有違上主對人的定義，我們便再次提醒自己，我們只能成為我們能夠成為的人，這斷不是要規限某些抽象的自由。拋棄孩童、失信於人（由性關係到日常事務）、胡亂破壞環境、奴役別人、施加酷刑等，這等自由全都不符合聖經對正義的定義。從出埃及記的立場來看，這一切都不是真自由，而是幻想帶來給人的捆綁。

可幸的是，正如創世記所言，由於上主是堅定不移的那位，某些關乎世界和我們自身的事情，是沒有任何勢力可以動搖摧毀的，不管它多猖獗、多費勁。這位公正的且頒下律法的上主，顯然十分頑固，不肯變通，而這正正是不容摧毀的人性尊嚴的最佳保證。為出埃及說哈利路亞，就是為著上主全然一致的忠信，以及上主建立社羣的恩賜這兩者的關聯而獻上感恩，並由此讓上主的信實反映在人間。要是我們開始自問，今日的社羣表現得有多信實可靠，所得的答案或許能甦醒人心。追求最大程度的自由，咒語般處處可聞，並且常常成為大家日漸偏離社會秩序的藉口，而這些社會秩序原可增加互信。正當我們急於輸出我方的自由予其他社羣之際，必須躬身自省，對聖經所說的解放究竟理解得有多深？是否看見它是如此義無反顧地委身於鄰舍的生命、安全和創意？

這一切可以幫助我們明白，為甚麼出埃及記的自由不單令奴隸主不快，同時也不受奴隸歡迎。照著出埃及記說的，自由是有所擔當，不是游手好閒；要承擔上主的工作，順流而游。上主的愛，如創世記所示，如水銀瀉地，在我們的失敗、錯誤的荊棘當中，來去自如。出埃及記顯示了同一份愛的另一面，堅定不移、不得折讓，並且不任讓我們耽於逸樂、自以為是、自我陶醉。

在這個自命輕鬆愉快的文化中講這些話，確有點不合時宜。但它有助我們明白出埃及記深沉的一面。出埃及發生在逾越節，而我們不能夠忘記「逾越節」的意義。在奴隸得釋放的前夕，埃及人的長子為滅命天使所殺，惟獨以色列人的長子倖免刀下。結束出埃及記的講論之前，我們不能不思想這段可怕的經文。我們在創世記見到的上主，一位在出埃及記賜下公平律法的上主，會不會是一位因著人種族的緣故，殺害無辜男女小孩的上帝？故事的含義是這樣麼？

故事背後的思想與傳統，雖不能完全知曉，但我們若因此就認為上主不可理喻、嗜血如狂，就大錯特錯了。這難題學者們早已注意到。假如可以找到答案，那也可能是一個不容易接受，也不大受歡迎的答案，那就是此事與上主的堅定不移有關。上文說過，對某些人而言，那份莫測之愛的來臨，是莫大的災殃。因為上主就是上主，不得不如此，因此祂斷不遷就奴隸，也不遷就奴隸主。你的人生如果與蓄奴扣連，上主親臨釋放為奴者之日，豈非你的死期？

滅命大使的故事隱晦地道出，解放是要付代價的。對奴隸主而言，失去奴隸等於剝奪他的身分。可重點是，上主是以公義待他。他一日為奴隸主，一日不得自由。在另一段較不起眼的文字裏，奧古斯丁一語道破：暴君被他的專橫暴虐毀掉靈魂，正如活在他暴政下的人民的身體一樣。能打倒暴君的，不管是甚麼，同時也解放了他。它會令他如遭剁剮，但堅定不移的上主，不能遷就他。為奴者在受奴役之下其實也有安定之時，得自由卻是翻天覆地的大事。因此，若要與施行解放的上主同行，不論是受壓的還是施壓的，同樣要經歷逾越節的黑夜。上主就是上主，不得不如此。因此，與祂作伴同行，一切不能與祂相近的，必然要面對破碎、可怕與死亡的時刻——可我們的生命中有許多這些東西，且習以為常，不當一回事。

這個新的創造，必須走過這段路，才能成其所是，這跟起初的創造不一樣。創世記堅定地駁斥了古代的創世神話——在那種創天造地的故事裏，神聖的創造者要對抗混亂。可出埃及記卻上演了這一幕：受造界迷失得非常嚴重，甚至與自己隔絕，它必須經歷翻天覆地的痛楚才可以重見天日。創造的行動本身不是一場神話式的戰爭，甚或不是一種神話式的誕生，可是解放的行動卻需要這類語言。要我們有所改變，要我們與上主及別人重建關係，要實現正義，代價是必須付的。

至此，我們不敢輕易唱出哈利路亞。我們無法為無辜者之死讚美上主。古老的拉比故事說，天使為著埃及人被紅海淹死在上主面前歡欣，卻遭上主責備：「我的埃及孩子失去性命，你們竟然跳舞唱歌？」我們能不能為自己裏面所經歷的死亡，為著奴役之心的死亡，為著內心的奴隸和主人之死而讚美？應該可以。但這個故事表明，令人吐氣揚眉，終能勝利的，不是一己憑勇氣所受的苦。如果我們有這種英雄主義，就只是自欺欺人。我們也許知道或相信，我們的為奴之心已然死去；可我們得知道，創始成終的不是我們。正如詩人所說，面對實在（reality）的能耐並非人的天賦。

這樣，當自由與真理來到世間的時候，為甚麼世界沒有因著這樣的接觸而滅亡？出埃及記告訴我們，沒有人能夠看見上主仍得存活。既然滅命天使出現，就叫奴隸主的摯愛馬上被殺；為甚麼不把他的奴隸、他的朋友和敵人全部殺光？——因為上主就是上主，不得不如此！出埃及記確證了上主是施行解放的那一位，這叫我們有高唱哈利路亞的基礎。可是，出埃及記是否也為著那更深、更難的哈利路亞鋪路，叫我們看見自由的代價實際上是如何得到承當的呢？

III
長大成人
Growing into the Unknown

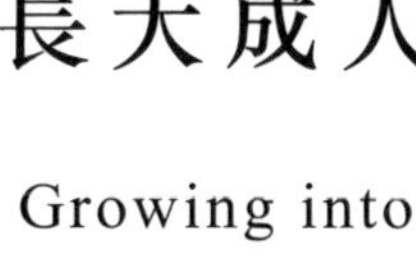
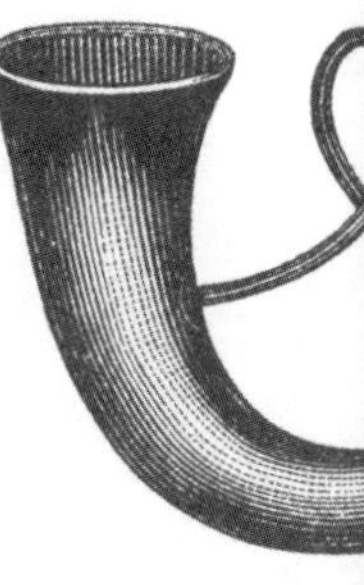

禮拜五

猶太—基督教（Jewish-Christian）傳統給世人其中一個毋庸置疑的祝福，就是週末。將每週定為七天的文化頗多（陰曆以這種算法至為方便了），但硬性規定休息日的，就只見於我們的傳統。西方文明既兼得兩種根源，所以禮拜六和禮拜日，即是猶太人的安息日與基督教的主日都被視作休息日。

禮拜五因而令人特別有感覺就不足為奇了。老師們對禮拜五下午是又愛又怕的；如果他們夠精明，不想自找麻煩，就不要在這時候為學生安排要求太高的習作。商業機構定禮拜五為「便服日」，人們穿著棉襯衫到處走，上面寫著「謝天謝地又到禮拜五」（或其他更直爽但含義一樣的版本）。禮拜五是放慢步伐，準備休息，送走過去一週的時候。

基督徒對禮拜五的感覺就更加複雜了。禮拜五是惦念基督在十字架上受苦受難的日子；一直以來，這是禁食的日子——對於禁食這傳統操練，按不少人（不限於天主教徒）的依稀記憶，那就是禮拜五只許吃魚。可是，按照教會禮儀，逢禮拜五都跟基督的死拉上關係。這個主題說甚麼都不能是輕鬆的，亦不能是釋懷地迎接的。

可是，時下文化中的禮拜五，與圍繞著受苦節（Good Friday）的事物，其實有共通之處。經常在教堂虔守受苦節的人，在三小時靜修禮拜（Three Hours Devotion）之後的感覺是難忘的。那就像守喪的人那樣，累得交關。流過淚，通知了親友，諸事預備好了；現在我可做甚麼？呆坐電視機前好像有點不妥當，但在這裏又如何？世界一片空虛灰暗，似乎沒有特別值得去做的，可自己提不起勁兒做些新的事。於是受苦節禮拜完結時，常有種默然的感覺。有時候，這可從聚會結束的方式反映出來：在天主教及聖公會的禮節裏，你得知要離去時，並沒有完結的儀節——沒有退席的行列，也沒有激動人心的完結詩。教堂內的裝飾卸下，你從這種「灰灰的」氣氛裏退去，又累又麻。

多年前，一位令人望而生畏，目光如炬的老牧師問我，講完了三小時靜修禮拜（一個叫牧職人員較費神的儀式），接下來會做甚麼事。我支吾以對，不知所措。幸好他替我解圍說，他通常會去看電影。當在受苦節要說的話說完了，當你已在那段時間坐下，嘗試全神貫注在十字架上，實在沒有必要再故作「虔誠」，只管面對疲累空虛，頹然歇息。

那可又不能比作是勞碌一週之後舒舒服服地自我放縱一下。但它真的肯定了，到了那一刻，你不能再挺下去了，你真的要放手，不再掙扎。那又不是說，受苦節是關乎**你**逞英雄的虔誠及自我犧牲——斷非這樣。只是它叫人看見其所成就及喚起的事情是多麼重大，足以耗盡你說話與感覺的能耐。太重大了。有時候，神學專家會批評巴哈的《受難曲》完結時沒有替復活的盼望作點題；最後的合唱曲全部以休息、睡眠和暮色為題材。可神學專家往往不明白，復活是急不來的。必須要有充足的死亡時間，讓失落之沉痛實在，讓你重現的故事之嚴肅性，可以沉澱，滲透心脾。我總為著受苦節令人忽然放鬆下來而感恩，這叫我可以在情緒上稍為頹唐一下。人類歷史上最大的鬥爭已經完結，而我談論它的所有言詞與想法，都不足以跟那實在（reality）相比。上主說：安心吧！我無意叫你扯高嗓門激情尖叫；這一會，只要坐好，深深吸一口大氣。一切都成了；萬事妥當。

基督徒總為著如何講論受苦節而感到詞不達意。有時候，他們是嘗試以不真實與操控的方式，煽動情緒。我們為求理解這事件而闡揚的各等理論，卻往往複雜得弄巧反拙，反幫了倒忙。我們其實只需要像當天所唱的一闋古舊聖詩那樣，簡單明白它就夠了，「祂被掛、受苦，乃是為了我們」，又如另一闋詩歌所言：「愛既如此奇妙深厚，當得我心、我命、所有。」（編按：中譯參《聖徒詩歌》69 首）我們還可以說甚麼呢？這事件是上主給我們的禮物，意義深廣，價值無比，是一切都不能比擬的。

我們早前思想過人面對著上主所需付出的代價：面見上主的人如何仍能活命？受苦節是答案的一部分，是基督信仰所提供的一個奇特答案。上主形塑了與祂全然合一的生命，藉此全然展示出上主是怎樣的一位上主；而在這生命中，人的心思與那支撐它、充滿它的永恆大愛之間，完全沒有因畏懼和無知而來的阻隔。這生命能立於上主前面而不用害怕被毀滅——這是受造者接近創造主時所恐懼的。凡是得以與這無懼生命結伴同行的，也得享其中的信心和親密關係。

這只是起點，不是全部，因為即使沒有受苦節，那一切仍會是真的。因此我們要講得再清楚一點。如前所述，耶穌的聖潔把人類的殘暴不潔引發出來。我們可能既渴慕與這愛好好相伴，卻又同時對它怕得要死，想拼命推開它。面對上主的完全（God's perfection）那種令人驚懼的陌生感，我們從未如此脆弱不堪。當我們力圖除滅耶穌，試圖將祂從祂所擾亂和脅迫的世界，即祂藉演示神聖的愛所擾亂和脅迫的世界，趕出去之時，用教會的傳統語言來說，我們赤裸裸地揭示自己的罪性。我們把祂趕進黑暗、痛苦、地獄，即我們趨近上主，或者上主趨近我們時，我們所（理當）懼怕的。

我們可以用極度濃縮的話來表達耶穌所作的是甚麼事：祂代我們受苦，受了我們怕受而該受的苦。但由於祂是祂之所是——即上主的生命以血肉彰顯人前——祂的人性突破了地獄的幽暗，完整無缺，且積極地繼續宣揚祂所體現的愛。祂為著叫人得釋放付出了代價，承擔了人類背叛上主的苦果。祂以人的樣式，走進上主同在的烈火之中，但祂活了下來。祂以上主的身分，走進人類的暴力與虛謊的烈燄之中，但祂也活了下來。在受苦節，兩股烈火在十字架相遇交融：似乎上主的聖潔正在吞噬、消滅邪惡的人性；而殘暴的人性又似乎正在毀滅仁愛的神性。但當火燄漸漸熄滅，灰白的世界重現眼前。我們開始明白，在這宇宙裏，沒有甚麼東西能叫上主與人再走近多一丁點。兩極已然相遇。

世界仍在，我們也仍在，錯愕、茫然、無言以對。此刻，耶穌死了，人把祂從十字架上取下來。我們不太知道接著發生了甚麼事情。正如耶穌最初的門徒一樣，我們覺得自己仍不知道發生了甚麼事。也許憑著我們的腦袋，永遠無法全然了解。我剛講說的，只是濃縮的甚至**也許是**不清不楚的敍述，甚或只是其中一個説法而已，但我肯定，對所遺漏的或無法言宣的，我是如此不滿。因此，能在禮拜五往後退，我很感恩；總而言之，大事已成。我見證了一件茲事體大，影響深遠的事。至於現在，即使拙口笨舌，也不要緊。為著可以歇息、靜候，卻不必帶甚麼期望，等待將來未知的一刻，我要説哈利路亞。艾略特（T. S. Eliot）的《四重奏四首》（*Four Quartets*）談到有一刻你要「不帶盼望等待／因盼望會是錯盼」。[1] 也許這番話最能描述受苦節那遊遊移移、不上不下的窘態。

當然，在福音故事和猶太世界裏，再一天就是安息日了。不僅如此，耶穌死後，人人不知所措；反正是沒事可做，因大家都預備好為這天休息和歡慶。我們又一次捕捉到一般週末會是怎樣的回響——只是聯想範圍擴大了。禮拜五的守喪空間，帶來的麻木與耗盡，已被記念上主的安息所蓋過——在這一天，上主看見自己的工作，覺著甚好。對猶太教來説，安息日不是忙裏偷閒的空隙，而是一位受歡迎的嘉賓，是一個分享上主怎樣看世界的良機。靜止吧，停止用工作去證明自己的存在，你就可享自由，得見上主的作為美好。在受苦節的處境中，這是一個邀請，邀請人去觀看上主終究要如何處理人的邪惡與奴役，並聽祂說——不管我們是否明白所有這些事是如何成就的——「成了」；這是好的，而我接受，不管它怎樣衝擊我，怎樣叫我迷惘。

不知道耶穌的弟弟和祂的母親燃點安息日蠟燭時，心裏想到甚麼？會不會稱安息日為進到家中的新娘——即如後世的猶太人一直所說的——美麗明艷？又或者大家覺得反諷意味太強，難以歡慶。又或者，有些時刻讓人感到，這靜止的時間叫人可以回顧當天可怖之處，並開始稍微以上主的眼光瞥見事情**成了**，正如耶穌在十字架上所喊的。雖然說甚麼這都未算一個美好故事，未能使人不帶著傷心、內疚、忿怒去思想它。但它代表著堅毅不屈、忠誠不移者的生命終局——透過這生命，上主繼續透進人世間。而如今安息日叫人讓這故事慢慢沉澱，滲透心脾。

為著禮拜五唱哈利路亞，也為安息日唱哈利路亞。禮拜五的黃昏，安息日的起頭，對虔守律法的猶太人來說乃是該禮拜的高峯，而我們這些有幸在猶太朋友家中作客進餐的人知道，那是多麼特別的時間。主人的禱告喚起了許多景象，彼此互相交錯——創造、出埃及、聖殿、彌賽亞的日子、重返聖地的應許；總之，但凡關於作猶太人的事，似乎都匯合一起了。安息日的到來，告訴百姓上主的時刻已然到來——上主就是這樣與百姓相伴，擘餅同樂。回想安息日前夕耶穌的友伴。他們應會記起之前那一夜——似乎是久遠的、古遠的事——耶穌擘餅，應許在上帝國跟他們共喝新酒。到了禮拜五晚上，他們進入了上主的時間裏，可他們能否領受這十字架事件，視之為上主的恩賜，默然靜坐其間呢？

通常我不喜歡猜度福音書人物「可能」或「必定」會有的感受。這一次很難不猜。在這一個安息日，門徒腦海裏定必帶著幾乎無法承擔的景象、記憶、說話和感受。我禁不住猜想，上主在使用安息日叫他們預備好以迎見禮拜日要面對的事。守喪有時，待在困惑中有時，單單為著上主也有時。四部福音一致說，禮拜日是轟天動地的一天。但這一切都萌芽於寂靜中。其實，沒有週末是尋常的。為著禮拜五高唱哈利路亞，與「謝天謝地又到禮拜五」截然不同。這不在於我們有時間舒展身心，遠離嚴肅的思想行動，而在於上主讓我們有空間思想最偉大的事，那就是得以進入因主復活的故事而來的新造之中。這是得著醫治的時刻，不是停止運作、百無聊賴的時刻。可我們也得小心，不要以高人一等的姿態來面對世界的週末。千萬不可叫筋疲力竭的大眾感到困惑，以為輕鬆也是罪過。我認為我們要傳達兩個信息：首先，悠閒是恩典——但並非叫我們賣懶，全然被動，乃是叫人有空間培養創見、智慧、情感，可以對世界有更深入的認識——而我們所考究察看的世界，包含了耶穌並祂的死的記載的歷史。其次，在這「空閒」的時候，我們可以不時重溫那縈繞心頭，令人不安的故事，並且問一下，為何那麼多人視之為人類歷史的轉捩點和關鍵？

空間與沉默，是思維的更新和成長的必須條件。人人都知道，當你不再苦思那難題的時候，難題就忽然被解通；或者你拼命追想某人名字而徒勞無功之時，那個名字竟然浮現眼前。空間之所以賜給我們，為的是叫我們毋需再靠自己去打拼，這時，圍繞我們的整個世界會慢慢調節，重建秩序。因此，從禮拜五過渡到安息日，其間不只是疲乏與迷惘，也是豐饒與具創造力。如果我們回想（我保證這是最後一次）第一個受苦節，或許，我們可以想像得到，他們各懷心事，各有懷抱，靜靜地坐著——馬利亞為親生骨肉忍著難言之痛，彼得悔限著自己的不忠，蒙愛的門徒像做夢一樣，他們反覆思想過去二十四小時的畫面、聲音——誰也沒有打擾誰。那豐饒亦關乎獨處，讓彼此留有空間。

謝天謝地又到禮拜五。勞碌的一週已過。經一週工作，可以迎接安息日，盡情歡欣。這一天是上主的一天，是屬於上主的時間。這也是上主工作的一週——新創造的大工，終告完成之日；創造的六天，終告一段落。因在十字架上所成就的事——那是我們千辛萬苦，意圖要弄懂的烈火般的奧祕——上主與人共坐的一刻終於來到。似乎大家仍未知怎樣彼此言說，我們只是剛開始在同一空間裏相遇。這是我們不熟悉，卻又不算恐懼的事（但本該如是）。

當我們不太懂得如何表述，究竟上主是怎樣的或者祂在做甚麼，這其實是非常好的一件事。這叫人明白到，信仰的語言（language of faith）的焦點，不是我們，也不是我們的思想和感覺，而是上主。禮拜五這份禮物有它的獨到之處，它能叫人憶起創世和出埃及這恩賜——看見了一位絕對非我們所能掌握操控的上主，而祂就是那位在自由和喜樂之中，自行其事、自存自在的那一位。要是我們疲憊地靜坐於十字架之下，盼望以相配的虔誠言詞、思想去應對，我們會聽到上主說：「我是自存的；因此你或是別的受造之物，找不到恰當的言詞。」回想由這句話開始的出埃及記解放故事，我們可以從疲乏的身軀、沙啞的喉嚨，昂首仰望，為禮拜五，為禮拜五的黑暗與隱藏的應許，高唱哈利路亞！

1 艾略特（T.S. Eliot）的《四重奏四首》（*Four Quartets*）詩句，節錄自'East Coker' from *Four Quartets in T. S. Eliot, Collected Poems 1909 ～1962*, Faber and Faber, 1963，承蒙允許使用。

死亡

在我的人生裏，死亡形影相隨有如幽靈，籠罩每個清晨，躲藏在日暮中，佇立於此時此刻的邊緣之外。最先走的是家父，對三歲小孩來說，是無啥印象的一個人物，卻也大概正正因此他成了我此生每天也不能忘懷的人。全拜他所賜，死亡這意識在我生命之中形成，不管是照顧我們的還是我們所照顧的，總有一天要死去，要離開，與我們分離。

自家父去世，以後的喪親日漸漸變成了常規：年老的祖父母、染病的叔叔舅舅、疲累的姑媽姨媽，他們衰老枯槁，逐漸離去，是傷感但也是正常的。這種種死亡，都是自然規律中的事，一代過去，一代又來。

然後，發生了兩件事。先是同坐學校巴士的一個小女孩，有一天走到車子前，結果被捲下車底。我記得她爸媽臉如土色，目瞪口呆地站在她的屍體旁邊，他倆也變得像幽靈般似的。但我最難忘的，是那副小棺材。我自忖，它是如此細小，裝不下死亡這龐然大物。

然後，我記得一個好朋友突然離世，他在霧中被拋離汽車後座，飛到半空，墮入霧海，良久才被尋回，可已沒有氣息。

我今天已經明白這是事實。苦心刻鑿，慢慢塑造的生命，能消失於瞬間。沒有東西是牢固的，沒有東西是永恆的；一拐彎，只剩下孤單。可是，為何會這樣？

面對著這些情況，似乎所有事情跟我們所想的都不同：成長的時候沒有爸爸，老邁的時候沒有家人，探索世界的歲月裏沒有忠實相伴的朋友，還可以怎樣向上主感恩呢？

那些無法解釋的死亡、損失，我們何以面對？老舊的「慈愛天父」形象終被成人的覺識替代時，還剩下甚麼？有誰仍能為此向上主說感謝、哈利路亞，說上主配受稱頌呢？

我們以為死會結束一切，但其實不然。只是我們以為它會。我們就是怕它會。如果他死了，或她離開了，或這個完了，那個消失了，我們日復日得忍受揪心之痛，又會怎樣呢？剩下給我的是甚麼？我如何能活下去？我以後怎能走下去？

死亡當然可以叫人絕望。可是，它也可以是對絕望的解答。我們只要親身看清它的面目，絕望就不能再動我們分毫。死亡教導我們，我的生命只會在終止的時候才終止。

事實是我們身邊的人死亡後，我們繼續活著：戰場上的同袍在我們兩旁倒下；汽車內的朋友與我在車禍中承受同樣的撞擊，我無恙，他喪命；家族遺傳病奪去了家人性命，我們卻仍然活著。一方面，我們醒來，面對空空的黎明，同時，我們又獲得生命的邀請。死亡是個十分巨大的哈利路亞時刻。我們現在猛然醒覺，為著昔日的人感謝上主；但我們也為著自己的新生而感謝上主。生命於當下看來是蒼涼的，或許是不情不願的，但它畢竟在此。死亡是路上我們未曾預料到的轉向，但路依然引往它原定的地方去：朝向叫我往後活出的生命。

死亡帶來的損失，其實是另類的造益。我現在必須選擇，要向心靈之死投降，還是迎向自己的重生。喪失起初之愛的人，活下來可以再去愛。對於視死亡為某種生命的終結的人，他們得著機會認識另外一種生命。對那些珍視每時每刻、每錢每分、每點穩定與常規的人，當失去一切，會明白到他仍然可以得著一切真正有價值的：對美的觸覺、對善的喜愛，對生命中的真的新體會。

死亡並非只有損失這一面。死亡中的新機同樣該受讚美。

死亡挑戰我重新認識自己；這是藉著變遷而來的。在我自知一蹶不振的時候，我裏面隱藏的無窮力量才能併發；變遷為此高歌哈利路亞。

對於那些不知所措的人，死亡突然要我們轉變軌迹。去，開始結識新朋友，到訪未曾到過的地方，改電話號碼，改地址和搬家。我們不再故步自封，無有遮掩，在別處地方，在別的人羣中，看到上主另外的一面。在我們未被空虛所吞噬，要獨自面對每一天，無所適從之前，我們不認識的天使，已經用他的翅膀背著我們騰空飛翔了。

與計劃、策略、目標、步驟截然不同，改變把我們安放在出乎意料之處，要我們跳出精心打造的安舒區，經歷從前錯過了的另外一面的人生。改變教人明白到，生命原是一種練習，為著融入永恒作準備。它並非我們為求安穩而精心設計的操控過程。改變將我們拋上太空，讓我們自由降落，頭暈眼花，以此教導我們何為信仰，以此操練我們何為信靠。為著改變釋放你脱離可預期之事物，說哈利路亞。

一種從損失和變遷、從死亡和終結而來的視野，是不能從別的途徑得到的。死亡把現在與將來的面貌改變了。它使我們注意到平常忽略了的事情，有時候，那是我們人生頭一趟注意到的：時間之寶貴、樂趣之豐富、談話之慰藉、知己之難求、知足之常樂。

死亡有助我們衡量未來歲月中事情的先後次序。忽然間，我們生活以之為最基本的，都沒有了，我們以往以為是重要的，都不再重要，通通都變成了生命裏枯燥呆板、誇大失實的事情。我們發現，在死亡面前，工作和金錢、住所和新車、擢升與名銜，都忽然間黯然失色。我們的眼睛打開了，開始看得更加清楚。有時候，只有在黑暗中，我們才能開始看見光明。

這樣，我們站在死亡這有利位置上，以一把更精準的卡尺，開始一個一個地量度自己的判斷、價值觀、決定，並加以比較。我們開始反省以下的問題：現在，我的生命到底是在做甚麼？我現在相信甚麼？現在我希望自己曾作過何事？現在我該往哪個方向走，而我起步時要帶著舊我的甚麼部分？

然後，我開始為自己的死做準備。然後，我要決定，當我失去至愛，當所有時刻都成為過去的一刻，我想自己是個怎麼樣的人。按聖經所載，對圓滿的其中一個主要定義，見於雅各闊別兒子約瑟多年後在埃及重逢。雅各激動起來，為自己的一生作了如下的總結。聖經記下了他簡潔的話：「知道你還在，就是死我也甘心。」（編按：創四十六30）死亡迫使人人自問生而為何：成就、地位、安穩——抑或為別人守護著一個更美好的世界？死亡問我們，未死之前到底想有怎樣的人生？死亡説，你自己的生命有甚麼會成為哈利路亞？

然後是成長，即死亡給我們的最後一份禮物。我們發現，死亡要我們面對一己的限制，激勵我們走向新的可能性，讓我們對人生及其吉光片羽有全新的看法，使我們不再眷戀目前，選擇那存到永遠的。經此，我們已不再一樣。

然後，為死亡而唱的哈利路亞，變成為我們成長，脱胎換骨而唱的哈利路亞。

因此，為著小時候爸爸英年早逝，哈利路亞；否則我不會有今天的人生。為童年友伴之死哈利路亞，否則我不會在年幼時已洞察生命是會終結的。為我一個朋友之死，哈利路亞，他沛然的能量和力量，迄今還是我路上的明燈，雖在時間中凝住了，卻永不疲乏，一直激勵我邁步向前。感謝他們每一位，叫我在以為盡失所有之處，尋獲許多新事物。我有機會重新探究生命。我開始細究甚麼是重要的，甚麼是不重要的。我成長，走出了自己那狹小的天地，進到比自己更寬廣的世界。我認為，我明白了李希特(Jean Paul Richter)所寫的：「寒冬，剝掉我們周圍的葉子/把從前被遮蔽的遠景盡現眼前。」此言不虛。

未來

那些談話，我永誌難忘，他們談的是未來到的日子、未過的生活。他們談的也是盼望之日，並再次重溫一點，即人生是不斷朝向未見的一點進發的，而在那未見之處，生命應該更加豐盛，也更加圓滿。

每一次，一談到未來，就叫人不禁異想天開，但同時叫人難以思想下去。未來，似乎是人生的一塊隱形磁石，在它面前，人人都顯得無能為力。

「小布殊如果再當選」，那女人說：「我不知道我還能不能在這國家呆下去，真不知怎辦。」至少，於一位女士而言，這未來明顯是她不想要的。當下，叫人感到挫敗；不知的未來，叫人感到不安。在這個女士的心目中，社會、政府、民生，今天都出現了嚴重的問題。重大如政治、社會，甚至是全球性的議題，果真是人生不可或缺的部分？——未來，對她來說，要她作出這重大的抉擇。如果真是這樣，到你失掉這一切，未來又會要求你甚麼？我們是否只能袖手旁觀？又或者現在就作出改變，防患於未然？

「又要考國家執業試了」，一個青年說：「這次不及格的話就完蛋了。」對未來的恐懼，滿佈了蒼涼、絕望。在他來說，人生如漏斗，只是把你從一邊送到另一邊。他的未來，端乎他的決定，也就是他生命中想做的事，是否有別的方法可做到。

「我準備進神學院了」，那女人說：「將來是否牧會還不知道，但我準備一試，到時再算。」未來不明朗，但光明與滿懷決心。她的未來，視乎她的意願，也就是她是否以輕鬆的腳步，全心全意地走進去。對她來說，未來是不確定的，是一處充滿可能性的地方。未來意味者探索人生的自由，沿途有許多起點，又有許多岔路，最終才得見全豹，當一切結合起來，便成為她蒙引領要過的人生。到時，她就會知道。

「我自知，這裏不適合我」，那男人說：「但又不知道自己想去哪裏。」他的未來又灰又冷。未來，對他來說，關乎察看自己裏頭到底有甚麼興趣和才幹，讓他可走向未來。在這個情況下，未來，乃關乎整理他以往的種種嘗試，即嘗試在天地人間找一個歸宿，並尋探自己的所缺。

明顯地，未來同時包含很多事物；它能盛載我們倒進去的所有盼望與懼怕。「當一切都沒有了」，保維（Christian Bovee）說：「未來仍在。」問題是，未來，對一些人來說是良藥，對另一些來說是毒藥。正是在未來的邊緣上，我們可轉離崖邊，投進上主的懷抱去。

在靈性方面，未來給人的挑戰端在它叫人於人未知之前已然接受它。

未知卻接受未來，正是人生一大難題。我們不肯擁抱未知的，於是踉蹌跌撞，從一種恐懼，掉進另一種恐懼去。每一天，我們都一心希望能溫柔地進入我們想要的未來，並傾向二擇其一：不是逃避現在，就是囿於當下。

這樣，我們又抓又爬地過日子，要保住這，又避開那，專注所求，一心要掌控明天，可一路上自己又有許多不確定的事。然後，我們終於明白，未來對我們所要求的是甚麼。我們發現，真正攸關重要的，不是未來要帶我們進到的時間、地方及地位的細枝末節。不！也不是我們未來的際遇。攸關的，是我們對未來所存的是甚麼態度。這才是影響著未來是圓滿還是挫敗的因素。

畢竟，寇爾森（Charles Colson）坐過牢。可他的未來與他所想像的截然不同——但他樂在其中。超人基斯杜化．里夫（Christopher Reeves）癱瘓之後，與抑鬱症搏鬥了兩年，各人都認定那場意外把他的人生毀了，但較諸遇上那意外之前的他，他在抑鬱症期間已變得更有影響力，更有名氣，更加投入社會。我的朋友把患肝病的妻子送進醫院，三日後就喪妻。他獨自面對五個孩子，最大的才十二歲，自己還接受過五次腦部手術。他快樂麼？他說自己好快樂。正如約翰．連儂（John Lennon）說的：「你還在忙著計劃的時候已然臨到你身上的，就是生命。」

那麼，未來的功能，就一定不在於單單用來追求今天的成就、達成今天的目標，而是在於叫我們不斷成長，超越我們今天為自己所製定的小小計劃。

未來，既是每個人生命中的未知之因，就叫我們要常常拿出前所未有的勇氣去生活。哲學家懷海特（Alfred North Whitehead）為人類歷史的分析帶來了廣泛的影響，他以為文化大體是：「所有世代都是危險的，未來根本就是危險的。我們得承認，總有一定程度的不穩定存在，那是與文明不相配的。但總的來說，大時代總是動盪的時代。」

他的意思很清楚：如果沒有一點秩序和可預測性，人類的整個組織與制度的發展就是不可能的事。但總的來說，大時代就是舊習慣和舊觀念、建制規條和道德規範崩潰的時代，上一世代匪夷所思的，都在新時代裏變成司空見慣。我們從未見識過的生活越過了思維的舊疆界，而世界也變得不再一樣。

其實我們的生命也一樣，改造或者打倒我們的，正是那些生命中不安穩的日子。這些日子令我們遭逢巨變，又激發我們的生命潛能。這些日子要求我們拿出神聖的膽量，相信我們既有能力走過昔日的路，也必然可以在未來闊步昂首。

我自知有把握面對今天。但明天可能我要面對前所未遇的事，叫我措手不及，只呆在那裏。但前面的每一天，若應付得宜，就是對我的勇氣、不知自己擁有的勇氣的另一趟鍛煉。

當靈性的問題變成詰問：未知之未來究竟有何目的？為甚麼我們沒有先見之明，及早準備？答案必定是：惟有甘願面對未來，才可叫我們成為自己——那個我們過往不知道自己有需要變成那樣的人——的一部分。

正是未來，叫一個人可以長大成人——當人們太容易就爬回自我的繭，安於現狀，逃避對我們要求多多的生活：獨力撫養子女，承認我們並非只有肉身的存在，能應對新時代、新地方、新人物、我們身心靈的新威脅。

如是，未來是我們的信心的惟一證據。信心就是甘心相信，無論目前有多黑暗，上主的未來都是為著我們的好處。對於一個被拘留在關塔那摩灣（Guantanamo Bay）的穆斯林，要相信神最終會扶助他、替他伸冤，是一個挑戰。對身處伊拉克的年輕美國軍人而言，要拿出勇氣，不讓戰爭把他扭曲，令他變得瘋狂、兇惡、兇殘——不管有多恐懼，有多大壓力——是一個挑戰。對倖存著而言，要相信上主必會救人脫離死亡的幽谷，使人重得新生，是一個挑戰。

這要求未來把禮物送出去——那叫人甘心為著未來付出努力，在所不惜。所求的是使未來更整全、更聖潔；而這可以消解從恐懼、放縱和不確定而來的抑鬱。只有未來會迫使我們作出抉擇——在生與死、在活得精彩豐盛與活得畏縮消極（說：「我放棄了」）之間，作出抉擇。

未來呼召我們穿越生命的曠野。我們必須先走過，而後才能見它在我們裏面開花。

為未來高唱哈利路亞，乃是為著勇氣、信心和努力而唱哈利路亞。這令我們傾盡所有能量，獻上每點信心，勉力囁嚅地向那位叫人驚異的上主說出「是」。

這是為施洗者約翰所引進世間的未來而說的哈利路亞。當人們對耶穌的身分充滿疑惑，感到模糊不清，全然沒有把握，施洗約翰就只繼續傳講真理，向別人指出他所深深認定的，也就是他蒙召要宣講的。其他一切，完全交託。

對未來高唱哈利路亞，就是擁抱即將發生的事，同時又將它交託給上主。

同時，畢查向我們保證，人生的真正任務就只有一項：「不管前面有何難處，只要你今天仍有胃口，仍能享受陽光，仍能與友人歡聚，那就好好的過日子，並且為著它感謝上主吧！不要回望昔日的福樂——也別夢想將來重溫一下。你惟一能肯定的，就只有今天；不要被騙到。」

黑暗

在一段路上的某處，我所景仰的女士捨我而去。我曾經是她的星星、喜樂、良朋、知心友、獨女。相較於母女，我和媽媽較像姊妹、朋友，她對我言無不盡。我對她只說過一次謊。

繼父那時不想我跟男生約會，我騙他們陪我看電影的是女生，其實我跑到街角與那男生會合。媽媽發現真相，可她沒把我逐出她的信任圈，反而清楚明白地告訴繼父，堅持有違本性的嚴規，只會「把她迫成說謊的人」。此後，規矩變成男生要先到我家，給爸媽先相一相，然後才可以外出。以後，我們之間再沒有謊言，談男生、人生、一切。

我預期我們一起的日子會又長又快樂。我也作好了準備。繼父死的時候，遺下她這個年紀不算太大的寡婦，那時我肯定我們會一起去不同地方，一起慶祝，一起做我手上專注的項目。

可是，漸漸地，關係走了樣。她變得急躁易怒，極容易不耐煩。答應了的，她沒當一回事。我要代她買東西，她又沒列好清單。我抽時間帶她去銀行，但去到銀行她竟沒有帶存摺。她開始怨東怨西——關於母親節我帶她去的地方，我做的事，我交的朋友。

然後，有一天，她開始怪責我打電話給她——因她一接我就掛斷。

我開始不敢回家，那時大家恍如陌路。這個女士，不是我所一向認識的。

多年後，人們才稱這病為「失智症」(Alzheimer)。但當年我給氣昏了。之後，我滿心內疚。她病了二十八年，我也陪著這病二十八年。

好一段又漫長又黑暗的日子，但後來我發現，那段日子沒有白過。我之後甚至找到了好些說哈利路亞的理由。

事事不如意的那段日子，是人生中的黑暗時期。在尋夢的路上，我們遇到阻礙，發現自己脫了軌，阻礙我們的事，不但始料不及，根本就難以想像。能預見的麻煩，稱不上黑暗；它雖避無可避，但清楚明確，宛如白晝，肯定無疑吧。

能看見它快將來到的，只算是難題，有待解決好了。不能看見的，則叫人震驚，要人忍受，叫人失去方向，感到地動山搖，偏離方位，將我們的所有盼望，期待、把握全部打亂。

黑暗將人吞噬、包圍。它使我們重新檢視生命。以前以為是理所當然的，黑暗叫我們重新反思、重新評估，甚至放棄。

黑暗之日的價值在於它令人更新，甚至連自己也認不出這個新人來。我不再是媽媽的寵兒。我在世上孤身上路，只好說是不明何故被棄。做一貫的事，做一貫的我，可我就是做錯了。又有誰知道是甚麼？或甚麼原因？如何修補？是時候走到自己裏面，尋找新的資源，好代替那一直由母愛所提供的堅固避難所。我開始重新定義自己，開始感到那股因知道自己應付得來而有的力量。

黑暗是重新出發的時刻。我們被迫在世上另闢蹊徑。那是個可怕的時刻——可也是釋放的時刻。它讓人有機會為人生做新的選擇，為關係、夢想、計劃重新選擇。它告訴我們舊世界已經過去了，新世界則在乎我們。

在世上營營役役，我們難得有空反思自己身在何方。我們只是每早起牀，日復一日。昨日變成今天，變為之後每一天。現在，昔日的抉擇與關係，搖搖欲墜，必須重新檢視。

下一步要怎樣走下去呢？就此種種，我們會問甚麼問題？我們要怎樣決定對它們作甚麼？

這是十分屬靈的時刻。這時刻挑戰我們照著聖靈的形象重新受造，成為祂要我們成為的一切。那阻止我們成長的黑暗，是孕育新生的母腹。

黑暗的另一面向，較少在人生中出現。那是關乎選擇的問題。我們在黑暗中忘記其實我們有兩個選擇：我們可以如常運作，也可以改轅易轍。我可以為著失去所熟悉的母親而崩潰。那感覺是真實的。那光景也是真實的。我怎可以在心裏認為她已死？她還沒有啊！她似乎是突然間——不！慢慢地——開始恨我並我所做的一切。我怎能這樣就把她忘掉，繼續前行？

可我真做到了。真的，我們的關係改變了。是的，我的哀傷極深。不，我看來沒有扭轉乾坤的力量。因此，我無能為力，惟有斬斷情緒的纏累，繼續前行——同時又時刻做好預備。我做到了。「失智症」一詞好多年後才出現。但那時已經太遲了。我只有自己一個人。我們已經疏遠了。她再也不認得我了。

如果是今天，在一個對這病症及其影響認識得如此深的年代，我會不會用不同的方法去處理呢？當然會。但那不算黑暗。那是個病。當年，我失去的是母女的關係，一段我渴望保存，卻又被狠狠地蠶蝕的關係。

黑暗中的信息，不是立即就來到。要待到已死去多年的心正式入土為安之前幾年，才能領會到箇中的意義。

向黑暗投降，不相信苦盡甘來，黑暗之後有光明，即是不相信生命那不間斷的新曙光。

但如果我們能夠學習信任黑暗，明白人生的常態是走走停停，是為昔日歡喜，是為今天釋然，是相信明天是仁慈的，我們就會明白，黑暗的那些部分，只是歇息，像夜間的花朵，靜待晨光。

黑暗標誌著人生中一個重要的變化時刻。它是在所多瑪哀慟的羅得，離別在即，但上主其實已為他預備了一個美好的新世界。

黑暗是值得我們感恩的。它是個說哈利路亞的時刻，叫人明白成長不是全在白天發生。這樣，我們就明白到，即使我們相信沒有任何事情發生的時候，上主仍在我們的生命中工作。

家母在我的修院躺在我懷內去世，安詳、幸福、蒙愛又穩妥。我已預備好獨自面對人生，有必要的話，無母、無朋、一無所有也可以，因為我已學會獨自一人。哈利路亞。

上 主

二次大戰期間倫敦流傳著一則小故事。倫敦經過德軍幾週的猛烈轟炸後，孩子晚禱之後會補上一句：「親愛的天父，請祢萬要保重啊！因萬一祢出了甚麼事，我們就全都沒救了！」這故事雖半真半假，卻清楚顯明了獨自承擔全宇宙者可真孤單！

上主臨在於生命，是一個奧祕的觀念。它的真實性，非靠數學公式，或試管分析，甚或邏輯命題而得，其實，反過來，這一切均可以用來證明上主不存在，就如證明祂存在一般。其實，就是神學命題本身，例如證明上主是男性，或證明地球是宇宙的中心等，都錯得離譜。倒不如善用靈性直覺，不用人的智慧去證實神聖的命題。

這樣，總有人一再問：如果有上帝，祂一定是善良的。

但善良的上帝何以袖手旁觀，不理萬般苦難？人們繼續推論下去：倘若祂有意插手卻又無能為力，那祂就不是上帝了；但如果祂有能力阻止卻又不出手，那祂就不是善良的了。

二○○四年十二月的南亞海嘯，在十五分鐘內，有十一個國家受到三十英尺高的巨浪侵襲，洪水淹沒整條村莊，二十萬人遭沒頂。全球報章都在問同一個問題。

人太在意這個問題，因而引發了一場神學的海嘯。世上的報章雜誌，不分中外，都刊載了意圖回答這問題的文章。

不要忘記，這些都是定期報導月球、火星、土星的太空探索的刊物。這些記者，有曾經目睹廣島、長崎原爆慘況的人。這些報館都是大城市的報館，其新聞部的電腦接通全球，無時無刻接收著消息。這些科技世界裏的翹楚都在問相同的問題：「上帝現在在哪裏？上帝為何容許無辜的人遭難？善良的上帝豈可對此坐視不理？」

自一七五五年里斯本（Lisbon）大地震，令全城居民無辜遇難以來，由自然災害引發對上帝的討論，沒有比這更熱烈的。當年，就在啟蒙運動迫近眉睫之際，人們對自然界的因果關係愈來愈有認識，大家都開始問：到底上帝在宇宙中還有甚麼位置呢？哲學家漸漸同意，那位能呼風喚雨以及視世人如傀儡的上帝，已經死亡。

自此以後，各處仍不時發生大地震，雖然死傷無數，但已絕少激發這類對上帝的質問了。颶風吞噬了山邊的村落，也無人信心崩潰或惶恐絕望。但現在，如果報章能反映真實民意的話，人們再次對良善提出嚴厲的質詢。

但他們問錯了問題。

問題不應是：究竟災變之時，上主在哪裏？當約伯的朋友眼見好友的健康、財富、名譽盡失，要求約伯向上主提出質詢之時——好人受苦，上主為何坐視不理？——其實上主一直在那裏。顯然地，這位萬有生命之源的上主，容讓人類的生命與自然界的生命，按著被造的原意前進，自然而然，沒受抑制。就那麼簡單。

不！問題不是：美善的上主為何容許此事？

問題倒是：為何要讚美這樣的上帝？為何向掌管海嘯與地震、戰爭與死亡、困苦與痛楚的上主高唱哈利路亞？到底為甚麼？

答案明顯得叫人難以接受。那就是靈裏的覺知（spiritual consciousness），明白到上主創造了世界，並賦予世界能以維持下去的一切，並令它豐饒活潑、有各種可能、欣欣向榮，接著就把它留給我們，交給我們去完成。上主把它留下給我們，要我們施憐憫行公義，顯愛心展關懷，彰顯公義並忠誠擺上，總之要人付出一切力量去彰顯上主超乎一切的美善。

密修的人明白箇中的真理和代價。若要讓上主的美善去勝過我們周遭的邪惡，我們就當以上主的心為心。

在困苦中帶出復活，在未盡發展之處展現非凡創意，乃是我們的本分。

我們忙著污染天空水源，又在南太平洋進行核試，卻不屑在容易受災的地方設立地震預警系統。我們真的是恬不知恥。

同時，我們卻又從不懷疑自己傷害別人、釀成巨災的權利。我們稱之為「政治」、「軍事安全」、「外交政策」、「正義」——並稱之為「自由意志」。我們當然不想上主從中作梗。

我們想祂介入，只圖給自己一點方便、支持我們的政治以及我們對權利的定義。如果祂沒這樣做，那就是對我們信仰的打擊。

那無法控制的、看不見的、想不通的，能摔破偶像，即是我們自己。這樣一來，我們會開始面對神聖的疑惑（holy doubt）。

也許我們真的要懷疑自己是否可以為所欲為，亂搞地球而免付代價。澳洲研究人員在最近一期《地質學》（*Geology*）

雜誌說，至今杳無人迹，佔全澳洲三分二面積的澳洲大沙漠之所以如此，全拜五萬年前居於此地的人類亂燒樹木的做法所賜。

我們也要開始懷疑，我們是否能繼續破壞現在的大自然而可以安然無恙：雨林、臭氧層、大湖區、濫捕魚蝦、毀壞泥土表層。否則，當海平線往上漲，海島不見蹤影，海岸線被侵蝕掉，江河湖泊乾涸，我們又再為自己開脫，不肯負起作為人類的責任，再次問：當這一切發生時，上主在哪裏？

正當大自然再次反撲，也許我們終於明白自己要負的責任，並因此唱哈利路亞。也許我們會開始明白，承當責任，不單端在減低自然災害所帶來的傷害，也端在不去誘發它們。也許我們將會學懂尊重它們，與之共處，盡力減低其影響，拯救災民。然後，我們在印度洋安裝感應器，預測地殼活動；我們改善窮人的居住環境，使他們不用再棲身於海邊用竹枝搭建的房子裏；我們搭建收容中心，安置那些死裏逃生卻前路茫茫的災民。這樣，窮人的海邊與富人的海邊看齊，同樣可以抵受一次又一次的颶風吹襲，雖損失財物，但傷亡人數可大大減少。

然後，我們就知道，我們向造物之主所高唱的哈利路亞，就像喜獲上主律法的以色列人所唱的一樣。我們也會看見這事實：美善的上主容許我們對邪惡作出回應，以帶出我們裏面最好的素質來。

對那位化腐朽為神奇的上主唱哈利路亞。祂要我們從一片虛無中，盡展所能。

緊扣時代 服事教會

以文字傳揚基督真道

讀者意見表

衷心多謝你購買本社書籍。本社一直致力以出版事工服事教會，幫助信徒扎根於神的話語，促進靈命增長。為使我們的出版更能滿足你的需要，請填寫下列各項資料，並寄回或傳真予本社。

所購書籍：＿＿＿＿＿＿＿＿＿＿

本書最吸引你的地方：

☐作者　☐適切性　☐文筆　☐設計　☐實用性

☐其他：＿＿＿＿＿＿＿＿＿＿

購買本書地點：

☐基道書樓　☐基督教書店　☐非基督教書店

性別：☐男　☐女　職業：＿＿＿＿＿＿＿＿

信仰：☐基督徒　☐非基督徒

年齡：☐16歲或以下　☐17～25歲　☐26～35歲
　　　☐36～55歲　☐56歲或以上

學歷：☐中三或以下　☐中五　☐預科
　　　☐大學　☐研究院

☐我欲更多了解基道出版社的事工及考慮支持，請寄給我下列資料：
☐機構簡介　☐新書資料　☐基道會員通訊
☐《基道文字事工通訊》

姓名：＿＿＿＿＿＿＿＿電話：＿＿＿＿＿＿＿＿

地址：＿＿＿＿＿＿＿＿＿＿＿＿＿＿＿＿

傳真：＿＿＿＿＿＿＿＿電子郵件：＿＿＿＿＿＿＿＿

其他意見：＿＿＿＿＿＿＿＿＿＿＿＿＿＿＿＿

多謝賜教！

意見表可以傳真（2687-0281）或直接郵寄以下地址：
香港沙田火炭坳背灣街26號富騰工業中心1011室
基道出版社編輯部收